# 出世心 入世行

## 靜思精舍的日常

邱淑絹 撰文

# 目錄

前言　守住本分　6

## 晨夜

香燈　16
早課　27
挺過磨難道心堅——德和師父　34
生活處事皆是道——德念師父　46
清淨平等無礙行——德寧師父　58
晨語　67
輕安自在清淨心——德晴師父　78
大寮　92
飯頭　102

以喜心廣結善緣——德和師父 109
自他不二平等覺——德映師父 118
事事用心利眾生——德瑋師父 129

**晨光**

副執事 144
洗碗 152
行堂 162
煮碗 168
水果 176
洗菜 183

**前晌**

出坡 194

園頭 205
眾生相中觀自性——德勇師父 218
洗滌習氣去我執——德佺師父 232
總務 239
安住當下一念心——德宜師父 251
工作道場好修行——德宿師父 263
衣坊間 276

**日午**
午間祈禱 294

**後晌**
知客 300
知客室 312

導覽 324
拔苦與樂覺有情——德如師父 333
至誠感通眾生心——德安師父 348

## 自力耕生

不掉淚的蠟燭 364
豆元粉 374
處事三心多用心——德偌師父 390
香積飯 401
深心願行無止境——德晗師父 410
淨斯本草飲 424
淨皂 434

【前言】

# 守住本分

證嚴上人晨語講述《法華經．分別功德品》時，提到「僧坊安住道業，知足安穩常樂」，僧眾集中在一座叢林裡面，每天都能沐浴在法流中，安住道業。雖然身辛苦，卻是心住於法而知足；知足而安穩常樂。

## 用心生活，妙觀察智

《證嚴上人衲履足跡》裡，對於「守住本分」，上人言：

**天地寬闊任我遨遊。我的心，可擴散出去關懷天下苦難眾生，也能收攝回來，守在自己的本分。我總是以感恩心應對人事，對於加諸於我的讚歎，**

**我從不敢居功，亦不貪求虛幻之名，就只是認真地守在自己的本分上。**

靜思家風綿延，精舍常住眾「一日不作，一日不食」。從食衣用度到信念思惟，由勞務中修行，傳承克難精神。常住師父來自不同背景，雖然不少是在成長經歷中受過苦，體會苦諦而來出家，但也不少是高學歷、當老闆、開工作室者，或是老師，甚至是跨國而來，用心投入原本不擅長的執事。

輪值執事，縱使沒做過或不擅長，他們依然守住本分，「因緣在哪裡，就在哪裡學習。」如同菜園裡，萬物共長，菜草齊生，這日拔完這裡，明日再拔那裡……過幾天草又長了出來。常住師父面對拔不完的草，心境安然如常，不覺那是個沒完沒了的活。

「種菜是體力活，一雙手能做的有限，有時就重點式的做。」草若不影響菜的生長，那就無妨。「我們是來修行的，不是工作。每項執事都是修行的法門。」

靜思精舍的菜園，以無毒、有機栽種，對蟲鳥無害，唯辛苦種的菜會被蟲、鳥分食。早先，精舍師父會在田裡做些趕鳥的裝置，上人卻言：牠們能吃的才多少？故而將菜園開放，任蟲兒、鳥兒盡情地吃。

萬物本一體，慈悲護生，就是與牠們分享，或是捉離放生。「我們可以吃多少，就吃多少。」種菜很辛苦，有時還要吃牠們剩下的，然常住師父以平常心看待：「不能傷害牠們，牠們要吃時，也會避開我們。」

有位師父承擔菜園執事，從接觸大自然中觀察眾生相。「烏頭翁會教育下一代怎麼覓食。」那時菜園的青花菜菜苗剛生長，烏頭翁喜歡吃它的嫩心。成群的烏頭翁中有隻成鳥，師父稱牠為「班長」，先來勘察菜園。

當群鳥吃著菜時，班長只在旁邊守著，「一隻晚來的幼鳥，直接飛過來要吃嫩心。那隻班長立即飛過去糾正牠，啾啾叫地把幼鳥帶往旁邊去吃別的……」

「中間那棵心是成長的主幹，如果被鳥吃掉，那棵菜就長不成了。」所幸這些蔬菜是有機栽種，不噴灑農藥，也不防鳥兒覓食維生，牠們因此留下新苗讓其生長，彼此共生共存。

「只要多一分用心、細心與耐心，不起分別就能妙觀察智。」在菜園裡，師父微觀眾生相，而眾生其實也在觀察著人類。

## 人我一體，共生共榮

一日大熱天，師父才幫一棵菜施肥、澆水，隔天竟然死了。為一探究竟，他將根部的土挖開，發現成群的螞蟻在土壤裡做窩。

「植物靠著根鬚吸收水分，大熱天的，螞蟻住在裡面陰涼又安穩。」然而，螞蟻為了做窩，搬動了菜的根鬚，結果菜就往生了。

日後，師父和志工在菜園拔草，其間看到一條「路」，很多螞蟻行走其上，「螞蟻造路還是彎曲的。」緣於大熱天，師父擔心螞蟻在土裡破壞菜的生長，因而大力鬆土；鬆了土，螞蟻窩晒到太陽，興起搬家計畫。「牠們搬家是為了保護螞蟻卵，延續下一代。」

師父一邊拔草，一邊觀察螞蟻搬家的動線。從起點到終點，若走直線可省時省力，但牠們不惜拐個大彎，「怕螞蟻卵晒到太陽，牠們選擇能夠遮蔭的葉菜底下路線。」

「萬物的道理，是大自然教會我們的。」此為常住師父從園頭執事中體悟。這不免使我想到，二乘中的「緣覺」乘，是為觀察大自然的變幻而體悟無常，萬物皆因緣和合而生。

種菜，不免想到了煮菜。一位常住師父在大寮初學煮菜時，資深師父教他烹煮訣竅，「有的菜偏嫩，有的偏老，透過觸摸來決定煮的時間。」藉由觸感來辨別，果然也是一種「法」。

行走菜園期間，一位師父摘著醜豆說：「別看它們胖胖的，但是不會老哦！」萬物自有其體、相、用，因外相而名為「醜」豆，但其性不老（纖維），口感清嫩。

「醜豆是春夏季節的蔬菜，太熱不行。」終日在菜園裡耕作的師父曉了各式蔬菜的特性。古時農人的經驗與智慧，農作依節氣而作息，自然而有序。

然而，腳下常見的高麗菜，在近幾年氣候異常不調下，生長得不太好。「今年不太下雨，然後下個雨又出大太陽……」不下雨，供水不足；一下大雨，又造成積水，菜就爛掉了！

氣候不調，不僅嚴重影響作物的生長，連帶也影響地球生態的變化，而頻繁的極端氣候，對人類的生存空間也將愈來愈艱困。

「何期自性，能生萬法」，誠如六祖惠能的體悟，「自性能生萬法，萬法是一，就是自性，就是自己。自己與眾生就是一體，利他就是利己，彼此息息相關。」

## 入群處眾，修福增慧

種菜很苦，苦在暑熱煎逼，冬冷寒凍，一位常住師父說：「若不把色身看得太重，會較輕安自在。」並明言：「苦的感受，與心境有關。如果甘願做，身體雖然會累，但精神不會累垮。」

這使我想起，上人晨語講述《法華經・分別功德品》提到了「忍」：

菩薩要行忍，忍有「生忍」、「法忍」。「生忍，有情瞋罵、捶打等之凌辱；法忍，不惑為忍。」

生忍有二：一於人之恭敬供養，能忍而不執著。二於人之瞋罵捶打加害，能忍而不生瞋恨。

法忍亦有二：一於非心法之寒熱風雨飢渴老病死等，能忍而不惱怨。二於心法之瞋恚憂愁等諸煩惱，能忍而不厭棄。

凡事，要能安然忍受，不起心動念，才是真修行。

也讓我想到「六度萬行」中「忍辱」波羅蜜，最是考驗。因為「布施」、「持戒」是自發的、可控的，而忍辱是外在強加而來，不想要都不行。然也終於明白，忍辱之後為何要「精進」，因為精進可以幫助我們找到解脫之法，進而產生智慧跨越那道苦的境界。

面對本分事，常住師父體悟到：「執事，就佛教而言，這都是佛事；就世俗而言，執事中充滿酸甜苦辣，藉由人與人之間的磨合，產生無量的智慧，很開心。」

蔬菜從播下種子、灌溉，看到它的生長，歡喜之心油然而生。師父深感萬法唯心造，每天都很法喜，就如身在菩薩的境界。

正如種絲瓜的師父說，「每一株絲瓜不論長得如何，總是朝著陽光生長。如此的生命力，身為人類的我們，是否也應時時向陽，時時保持正能量？」

一日，某道場的在家居士來參訪，看到廣闊的菜園，問了菜園執事的師父：「您們這麼大的菜園，要多少人才能耕種？要是我們沒辦法。」

對此，園頭師父說，「其實是法門的不同，上人說的信、解、行、證，在如實做中，獲得了解和證悟，那個『證』，才會足夠深刻。任何的執事，只要依菩薩信解行證的信念去做，很多的道理都會回歸到自身的。」

「人的愚癡和無明，是苦到不能再苦，苦到不能接受時，才會想去改變。」由種菜的苦再到人生的苦，一位常住師父有感而發。這使我想起在網路上看到的一段話，「開悟，不是在蒲團上，而是在吃苦的路上。」

上人曾言：「靜思精舍的僧眾，都是真心出家，不是為逃避家庭責任或外面的辛苦，不是把這裡當作避風港，是真正的為眾生鋪路。」

而上人開示「靜思法脈，慈濟宗門」時提到：

靜思的道場就是要勤行；靜思精舍也是天下慈濟人的大家庭。精舍裡的修行者各就其位，有耕作種植者，也有投入各項生產等工作，不只是自力耕生，更要為此大家庭而營生，也為慈濟志業而營生，這就是靜思道場的生態；目標在行入人間路，引領眾生反迷歸覺，化私愛為大愛。

# 晨夜

喚醒自性

平等供養

# 香燈

**香燈是掌殿堂的照顧與維護，如香、燈、燭、花、果等供養，和早晚課誦之執事，以及叢林鐘板時序的管理。僧眾作息皆以板聲為憑，才能安心辦道與諸佛同心。**

大地行蘊，悄然無聲；凌晨三點五十分，寂靜中，最先響起的，是板聲。「叩─叩」、「叩、叩─叩」、「叩、叩、叩─叩」……雙腳走著，手也敲著。隨著板聲的節奏，耳根也隨著律動而專注。一陣六次，三陣不同的節奏；最終，走停在鐘的附近，將第三陣的第六次板聲，敲在鐘聲響起之時！

「鐺！……」─晨鐘起，香燈師唱起〈叩鐘偈〉，祈願喚醒迷茫的眾生能離苦得樂。這是一天的開始。

## 叢林一日的啟幕者

時間倒回一九六九年五月十日，立夏過後的一天。天際星光依稀，靜思精舍常住眾在板聲敲響之時，翻褥而起。他們將被子捲起，置於一旁，轉身將秀麗門拉開，寮房功能退去，大殿空間隨即開展。靜思精舍的日常，從這一天開始。

前一日（五月九日），靜思精舍才完工不久；當晚，證嚴上人與紹惟（德慈師父）、紹旭（德昭師父）、紹雯（德融師父）、紹恩（德恩師父）四位弟子從普明寺搬了過來，將裡裡外外清掃一番，虔誠擺上供佛的水果，將引磬、木魚安置於兩旁……

「明天晨起，這裡就是我們的大殿，都安定下來了。」證嚴上人欣悅地對弟子們說。自一九六四年十二月初，師徒幾人借住普明寺四年半後，終於有了安止的處所。

沒有擇日，日日都是好日。靜思精舍，自此成為證嚴上人與弟子安住的道場。小而精巧、充溢著期待和安穩的雲灰色建築，在天際逐漸淡去的星空擁護下，顯映在中央山脈前，與盤桓在山稜間的山嵐，相輝映。

**聞鐘聲煩惱輕，智慧長菩提生，**
**離地獄出火坑，願成佛度眾生。**

早叩鐘，鐘聲鏜鏜，隨著唱誦者時而低吟、時而遠揚的嗓音，聲聲迴盪。及至最後一聲的哐鏜，鼓聲咚咚作響；自緩而急，自遠而近，如戰鼓敦促常住眾上殿做早課。

香燈——掌大殿香燭和早晚課誦之執事，凌晨三點五十分打板，喚醒大眾做早課。「在叢林中，準時打板是重要的一門功課，如果延誤了一秒，就誤了大眾幾百秒。」二〇〇八年成為靜思精舍近住女（**註**），二〇一〇年圓頂出家的德澡師父曾經為文，概述香燈之於一日的啟幕者，所要做的第一件事，非常的重要。

今次，輪執香燈的常住師父，這麼形容著，「板聲，就像精舍的鬧鐘。」這個鬧鐘，由輪執的香燈師執掌。然而，在打板前，香燈師其實已忙過一回，「一大早先開啟主堂和大殿的門，然後點蠟燭、供果。」供果後是點環香，再來才是打板。打板完，鐘聲鐺鐺中，香燈師緩步行至大殿內，點上香末、香炷，持磬槌「鐺」一聲，發香；上香後，便進到大殿與大眾一起做早課。

## 作為佛菩薩的侍者

「一座道場一天的工作，稱為『執事』，每項執事內容不同，看分配到什麼執事，就負責什麼樣的工作。」一九七八年出家的德和師父說。

「那時精舍需要輪執的執事不多，大致分為香燈、大寮、農耕及手工等。」這些執事於一定時間後換人，稱為「輪執」。

香燈是輪執的一項，掌佛堂焚香、燃燈，工作細項瑣碎，舉凡殿堂內擦佛桌、上香、上供、供水、排拜墊及準備經本等。「香燈執事，早期是全的。」一九八八年圓頂的德念師父口中所謂「全的」，是指香燈這項執事，「全部都要學會，要會『維那』，要會『悅眾』……全部學會才可以帶領大眾輪執。」

維那，是早、晚課時持引磬起腔者；悅眾，是持木魚隨著維那發聲後跟著唱和，兩者同時並進，所以「維那才是香燈師，悅眾是另外一人。」德念師父點出悅眾的另一項職掌，「帶領大眾出坡，所以叫做悅眾，我們稱為帶出坡的班長。」

此外，執掌香燈還必須學會各種法器。「早期因為人少，香燈師要執法器，又要打板，又要維那，又要悅眾，然後叩鐘、敲鼓，還有午供等，就是一人負責大殿的執事。」此次輪執的香燈師琅琅上口。

現今靜思精舍大殿的範圍，還包括主堂。「那是個大工程！所以現在的香燈執事工作量大。」德念師父表示，雖然後期香燈的執事相對簡單，但工作量其實是增加的。

「我剛來的時候還要切水果。」德淳師父二〇〇七年初到精舍時，香燈還負責水果。「那時只有大殿和觀音殿，打掃完就去切水果。後來有了主堂……所以工作會不斷改變。」

時光進到二十一世紀，靜思精舍的香燈執事，不一定自己執法器，但工作內容轉變為準備課誦的法器，並在輪執前一一通知輪執法器的師兄弟。因為常住眾終日忙碌，「不是每天要做的事，需要去提醒，如逢初一、十五，藥師法會、周年慶等。」德淳師父提到，若執法器的師兄弟因事沒來，香燈師需找人補位，又或者自己上場。

## 培養虔誠的供養心

平日早、晚課，香燈執事要準備蠟燭、香、排蒲團等，初一、十五或節日時，需要準備的更多。「比如供果，可能會不一樣；殿堂四周圍的盆栽、花等，也會不一樣。花若是謝了，必須修剪，以維持殿堂的整齊、莊嚴。」

德淳師父曾在執香燈時，遇到一位參與浴佛典禮後，轉而到精舍參訪的某道場住持，當他行至大殿，正向地說：「靜思精舍還維持著鮮花、鮮果供佛的傳統儀禮……」雖未知其他道場是何樣的儀軌，但這位住持如此肯定，甚感欣慰。

維持殿堂的莊嚴，最重要的是清掃。「下午都在打掃，包括殿堂和周圍，窗戶、地板、扶手及盆栽的維護等。」

打掃完，便是準備晚課。香燈師說：「晚課也是打板，跟早課差不多。」打板前半個鐘頭，是準備法器、課誦本、點蠟燭，而後整理香爐、香末等。

靜思精舍大殿點有三種香——香炷、環香、香末。

「廣義而言，叢林中抹香末的傳統，從以前便一直延續下來。」目前在靜思人文叢書處的德澡師父憶及初到精舍輪執香燈的情景，「大香爐是抹平，小香爐是の形香末。」

香末要抹得很平，德澡師父認為，抹香末可以練就禪定功夫。若當下起心動念，煩惱覆心，則抹得像月球表面，粗糙不平，「必須專注才能抹得快又好。」

德澡師父感悟：「香末平，心自平！心靜、心淨，抹的香末如一面明鏡，像大圓鏡般，當下心無所染、沒有煩惱，照山是山，照水是水，將外境照得清清楚楚。」

抹平是一番功夫，而の形香末，要抹得好，更是高難度。「圓是指の形，尖是指上方處。」德澡對の形香末的理解是，「要抹得像須彌山，又圓又尖。」

有次，德澡師父自覺抹得不錯，不意手突然碰到香爐，瞬間香末到處飛揚，一面圓鏡變成魔鏡。他了悟貢高我慢心一生起，飛揚的香末就像「管不住」的習氣，障礙別人，也障礙自己，「要及時提醒自己盡速轉念，不要被境界所轉。」

## 樣樣執事都是修行

輪流執事是維持僧團和合共住共修，分工合作、彼此照顧的生活規範。但凡出家經年的長老，或是初來乍到的新人，無人能有特別待遇。

一九八二年出家的德如師父表示，早期常住眾輪執，既要農作也要做手工。為多爭取一點時間趕貨，他輪執香燈時，常凌晨一點多便起來打掃大殿。他認為，「修行本就是少睡多做，打掃也是盡本分事，做該做的事。」

德仁師父於二〇一三年到靜思精舍，二〇一七年圓頂出家，輪執香燈時有感，「香燈師的名稱聽來好文雅，應該是個非常優雅的工作。」但輪執完後，「好累喔！」

由於要很早起床，「最遲凌晨三點二十分要到大殿，把供果、香、燈、燭布置好。」接著，三點五十分準時打板，喚醒大眾做早課，絕不能延誤一分鐘，「因為這是大眾的時間。」

打板之後，是一天忙碌的工作，直到晚間九點四十分，安板止靜，香燈的執事才完成。比人早起，比人晚睡。德仁師父回想，剛輪執香燈時，要記、要做的事情很多，一天下來，真的好累！

但是輪執幾次後，他的感受改變了。「不是累，而是感恩！香燈執事做的只是提供大眾舒適的環境，最終還是要大家一起來成就。這是我覺得感恩的部分。」

德仁師父解說，香燈的工作之一，在早、晚課前都要備好法器，還要擺經書。所有法器齊備後，地板和桌子要擦乾淨，讓整個大殿光潔清淨，「我會祈求眾多菩薩一起來共修，以莊嚴道場。」

德仁師父感悟，如來家業有學不完的領域，及學不完的法，「但我們做的都是回歸到『愛』，並且力行菩薩道。」

同樣在二〇一七年出家的德修師父，曾對輪執香燈排大殿蒲團的情景而懺悔，「排蒲團要拉線才會整齊。當時起了傲慢心，心想大殿只有三十多坪，一排蒲團最多才七個，用目測即可。」當他排完一排，到中央走道一看，整排是歪斜的，「原來排第二個蒲團時就沒有對準，全都偏掉了。」

德修師父體悟到，精舍的每一項執事，無論是在大寮煮飯、淨房打掃及田裡拔草等，樣樣是修行。平日若不察覺自身的習氣，經年累月，小習氣也會變成惡習。所以常提醒自己，「每個起心動念都要戒慎虔誠，時時觀照己心；心有沒有在法上，念有沒有在覺道上。」

比晨曦還早起的香燈師，一天裡的最後一項工作，還是打板。是晚九點四十分，靜思精舍常住眾聞安板聲，熄燈，止靜！

註：在家女子受持八戒者，以親近三寶宿住，故稱近住女或善宿女。發願於靜思精舍出家修行者，須經歷至少兩年的近住女生活，以確認自己身心能否安住叢林。

# 早課

**早課的共修，對己是一股身心安定的力量，是一心向佛的能量泉源；對眾生則是無盡的祝禱，營造和諧吉祥的世間，自淨利他。**

晨板起，鐘聲響，〈叩鐘偈〉吟唱在鐘聲起落之間，聲聲傳遞悠遠。靜思精舍常住眾依板聲而起，摺被、疊枕，收納整齊後，趕忙梳洗、整裝。行蘊間，唯有鐘聲與叩鐘偈，響在天未破曉的晨夜裡。

鐘聲朗朗，常住眾作息悄然。及至最後一聲鐘響，叩在第一陣鼓聲作響之時，大眾已著起海青、袈裟，緩步至大殿、主堂前。靜默間，唯有耳根凝定專注，聽得鼓聲隆隆。

待第三陣鼓聲再起，他們依序行入大殿、主堂，等在蒲團前，在鼓聲與維那的相應之際，轉而面向佛陀法像，在引磬引導下，躬身禮佛三拜，問訊結束，早課開始。

靜思精舍的早課，是三天敬誦《無量義經》，一天禮拜《法華經》，一天諷誦《楞嚴咒》，透過唱誦經文提醒自己是佛弟子，從經文中反覆憶念佛菩薩的教導，用於一天的行持中，不離菩薩道。

## 勤習法器，練唱梵唄

法器與梵唄，是一座道場的日常。《敕修百丈清規．卷八．法器章》中指出：「大鐘，叢林號令資始也；曉擊則破長夜警睡眠，暮擊則覺昏衢疏冥昧。」

執持法器、唱誦梵唄，是出家人的必要功課。長老德和師父簡而言之，「我們來精舍修行，法器、梵唄一定要會。」因為執法器是配合執事，「精舍每天都要輪執事，輪到什麼執事，就持什麼法器，所以一定要學。」

當年三十一歲的德念師父，一九八六年成為靜思精舍近住女，有感年紀輕，背書背得快，早點把法器、梵唄學會，方能安心看書、安心聽經，安心地修行。他回溯學習《楞嚴咒》時的情景，每天凌晨聞板聲起床，在早課前快速地看完一遍，日復一日。德念師父估算，每天看一遍需時十四分鐘。

德念背誦的方法是，每天看一遍、背一句，「每天背一句，不作第二句想。」最終用十一個月全部背好。

背熟後，他歡喜地開始練唱。能利用的時間，僅是每天輪執或做手工時，在心裡暗自練唱。因此，是日要背哪一句，他把那句抄下，放口袋裡。時而拿出小抄，一邊工作一邊練唱。

若逢輪執大寮，晚上較有空檔，他把握時間主動向輪執叩鐘的師兄弟「討」敲鐘，「幾天的反覆練習，就學起來了。」正可謂「天道酬勤」！

靜思精舍的早課，維那與悅眾，兩手執著法器，口兒唱誦，音不能斷，字不能漏，抑揚頓挫，節奏不能掉；禮佛跪拜，引領大眾虔誠唱誦，雙雙音聲融合，眾人虔心攝受。而其背後有一段自我學習與不斷調整的過程。

有些師父輪執法器時，總得提醒自己飲食控制。「可能因為體質，吃了水果會影響喉嚨或聲帶，而沒辦法唱好。」在執法器前一週便不能吃水果。只是不吃水果，看來是小事；有師父上殿執法器時，還必須空腹。「胃裡裝滿食物會影響換氣，如何能唱好？」大眾清晨做早課，尚未早齋，自是空腹；然而晚課呢？「也是不敢吃東西。」

執持法器，必得唱誦，並引領大眾早、晚課或共修。在外人聽聞，是自在穩準；殊不知，有師父在俗家時，最怕有人邀約去旅遊，回回都拒絕，「因為去旅遊，就要唱歌。」

他坦言自己膽量小，也不喜歡唱歌；在俗家時也少話，「總是靜靜的，不愛說話。若有客人來，就往屋裡跑。」

有內向寡言的師兄，陪伴新進師弟學習法器、唱誦時，在節拍及音準上要求嚴謹，卻無露嚴厲聲色，不疾不徐，一次又一次反覆調整、修正。在陪伴學習的過程中，自己也受益很多。

## 自我精進，修定安心

德寧師父憶及學習法器、梵唄的經驗，「早期念師父、愉師父、曉師父，還有倍師父會教，但沒多少時間可以學習。」

「要靠自己不斷地推敲練習！」德寧師父的方法是，有人教導後，再透過每天的早、晚課，認真聽聞、認真唱誦，心裡記著拍子，有不懂之處再請教長老師兄。「而後學習法器，維那的板眼落在何處、木魚何時該敲，便有了概念。」

法器又稱為佛器、佛具、法具或道具。廣義而言，凡佛教寺院內有關莊嚴佛壇，用於祈請、修法、供養、法會等各類佛事的器具。就內義而言，凡供養諸佛、莊嚴道場、修證佛法，以實踐圓成佛道的資具，即為法器。

法器不為一般常人所能用；法器一動，十方靈界、冥界亦動，故而不能隨意敲。依止靜思精舍出家的常住師父們，學習法器是必要的功課，如何學習，成為人人各自的功課。

德寧師父初來精舍常住時，曾在總機學習。平日他一得空，便左手握著兩支原子筆，作勢維那引磬；右手握拳，作勢木魚、木槌，兩手搭著桌面，用心觀想，一槌一磬，一敲一打地，自我加強練習。

「都是自己學啦！」德寧師父的經驗是，引磬比原子筆大，也比較重，原子筆能敲得到、敲得準，換上引磬也一定可以。「早期慈師父他們學法器，是用筷子呢！」

德寧師父學習法器的過程，自認還算順利，「照課誦本上的板眼，是木魚，還是引磬，配合敲打。」然而看似簡單，但每個人的根器不同。德寧師父語氣低調，含藏著點欣慰，「可能我從小對音律、音感，還算可以！」

在俗家時的德寧師父，對於帶有情感的歌曲，自感容易相應。然而，出家乃現大丈夫相，說話細柔的他，唱誦時一旦起腔，聲音宏亮，氣勢猶存。「梵唄不同於一般音樂，唱誦不能過於柔軟，或是靡靡之音。要有男眾的氣勢和穩重。」德寧師父內心明明了了。

常住師父們執持法器、唱誦梵唄，除早晚課、藥師法會外，還有指導社區的共修與精進日。無論上殿或到社區，身前是諸佛菩薩法像，身後是諸多的同修道友，全場依止的是手上的引磬和木魚，以及口裡的聲聲梵唄。如何穩重自處，並引領大眾身心攝受，考驗著自身平日修持的功夫。

「最重要的是，當下一心專注，整個身心便投入與靜定下來。」德寧師父認為，執持法器和唱誦梵唄，心一定要真誠，「要有恭敬心、虔誠心，不只我們在聽，包括無形眾生也在聽。」

德寧師父自許，「希望用我們的音聲，供養諸佛菩薩，也供養一切眾生。」

## 挺過磨難道心堅

修行就像行路。初時，不要走高速公路，一定要走產業道路，必須歷經磨難和考驗；若能挺過、突破，就沒什麼事情可以把你考倒。

——德和師父

一九六八年，十八歲的德和師父，自出生地高雄鳳山，前往臺北工作。當時鄰居媳婦的母親林玉蘭經常從花蓮來看她；因而結識了這位慈濟委員林玉蘭（法號靜健）。

靜健常對德和師父提起，花蓮有位師父成立功德會，來幫助窮苦人。自稱「吃美援」長大的她，從小對於助人的工作，十分崇仰，便樂於捐輸功德款。

德和師父三歲時父親便辭世，母親一肩扛起扶養七個兒女的責任。她是家中老么，小學六年級時，母親病倒，因此輟學幫忙家務並照顧母親。僅剩一個學期就畢業，老師前來家訪，了解德和師父家中的窘境。她雖然無法再上學，但每逢期考，老師都會請同學通知她到校考試，最終領到了畢業證書。

母親離世後，十四歲的德和師父與兄嫂一起生活，然內心的孤苦，無人能解。約過了兩年，她心生外出工作，跟著鄰家年齡相仿的孩子，到鳳梨加工廠上班。

大約一個產季過後，就辭去了工作。於是二哥將她帶往臺南，同大姊學習理髮。理髮店門前有棵大樹，常有三輪車車伕停在樹下休息，閒聊間有人說道：「第一衰，剃頭的吹鼓吹；第二衰……」

德和師父聽了心生懊惱：「理髮這行業被人瞧不起，我不要學了！」勉強待了兩年，等到二哥退伍時，再把她帶回鳳山。直到十八歲到臺北工作，遇見了靜健。

## 明瞭因果，吃苦了苦

靜健得知德和師父內心的苦悶，便教她念誦《大悲咒》，並講些證嚴上人的故事，自始她逐漸明瞭因緣果報觀。除了心苦，德和師父曾接受甲狀腺手術治療，亦深知病苦。總是定期捐款的她，即便靜健沒來臺北，也會透過劃撥，讓善心不間斷。

期間，她殷勤工作，將所得一部分積攢下來。累積到兩萬元時，她期待該筆存款能親手交予證嚴上人，幫助更多的人。

那日，德和師父跟著靜健來到靜思精舍，中午被安排和證嚴上人同桌用餐，靜健的外孫也在，嚷著說不吃苦瓜。證嚴上人對他說：「要吃苦瓜；吃得苦中苦，方為人上人。」

德和師父也不吃苦瓜。當聽到上人說吃苦瓜很好，便開心地吃下。從此，她變得愛吃苦瓜。

那日下午，正逢每月一次的慈濟全省委員聯誼會，「一位在全融界服務的江顧問，協助功德會的財務，會中他建議成立一所養老院或孤兒院。上人並沒有採納。」江顧問講話犀利，清瘦的上人卻沉著而如如不動。德和師父目睹這一幕，對上人處事的行誼，由衷佩服！

第二天，她們回到了臺北。德和師父心中總掛念著，期待再次造訪靜思精舍。

第二次來到精舍，德和師父向證嚴上人請求皈依。「上人說了聲『好』，便讓我到大殿去行三皈依，就算完成皈依儀式。」

古佛有云「善來比丘」。證嚴上人成立功德會時，有「善來委員」響應募心募款；即便是莊嚴簡單的皈依儀式，「善來弟子」心之所向，牽繫著師徒間深植的因緣。

## 學習地藏菩薩精神

回到臺北後，一回，德和師父生病了。靜健剛好來訪，有感她孤單一人，提起上人在講《地藏經》，提議德和師父是否將工作辭了，到花蓮去。德和師父思量此生不想落入婚姻的磕絆，便決定辭掉工作，來到花蓮生活。那年，是一九七六年。

德和師父落腳花蓮後，借住靜健家。健康狀況不佳的靜健，需長期服藥，但只要去收功德款，精神便異常清朗，令德和師父深感驚奇。

德和師父想找份工作，靜思精舍的德慈師父，告知有位慈濟委員靜儀（黃張樱桃）家裡缺人手。「他們開了間『美美布店』，賣布及裁縫的，有請師傅和店員，需要人手料理三餐。」於是她應允前往工作。

那時，慈濟義診所一個星期義診兩次，醫師、護士均利用中午時間趕來看診，證嚴上人也會來幫忙包藥。

靜儀家拐幾個彎就到義診所，德和師父中午忙完餐食，便走路過去幫忙。「我也幫忙包藥、發藥，有時認不得藥包上的名字，就問上人。上人會教導怎麼念。」

義診是中午十二時到下午十四時結束，接著證嚴上人會講述《地藏經》。德和師父聽聞，內心感悟非常，「地藏菩薩很了不起，立下『地獄不空，誓不成佛』的誓願。」於是她發了一個願，要學地藏菩薩的精神，凡事遇到問題時，要先成就別人。

「地藏菩薩就是我學習的目標，指引我跟隨著他及上人的腳步而安定。」不久，慈濟功德會進行冬令救濟，雖然上人沒能續講《地藏經》，但地藏菩薩的精神，深深地烙印在德和師父心裡：「對我而言，是一個特別的因緣。」

## 嚮往出家修行生活

德和師父在靜儀家工作沒幾個月，就要過年了，在臺北也有布店的靜儀，準備年後舉家搬遷到臺北，結束花蓮的生意。證嚴上人和弟子德慈師父便邀德和師父到精舍過年，「過年就來精舍過，不用再回去了。」除夕一早，她高興地把行李搬到了精舍，參與常住生活。

農曆年後正月二十四，靜儀到精舍參加藥師法會，轉達德和師父的家人來電，大哥病危，請她趕快回去。臨行前，德慈師父提醒她，再過段時間要織棉紗手套，精舍需要人手。

她的大哥是猛爆性肝炎，在她回去不到一個月便往生。她幫忙把喪事辦完，停留約二十幾天，便告知家人要前往靜思精舍修行，卻遭致全家人反對。

「你的心腸很狠，就這樣去出家，忍心放下你大嫂和姪兒？」親家母語帶逼人。儘管在家人反對下，她依然嚮往修行生活，回到精舍常住下來。那年，德和師父二十六歲，趕上靜思精舍第二次織棉紗手套的手工時期。

工作時，有人難免愛聊天。當時，工作間是一路通透，上人的寮房在另一端；一次上人出來對德和師父說：「我在裡面，整天都聽到你的聲音，好像麻雀，整天都在講話。做事要專心，不要一直講話。」

在靜思精舍常住，德和師父參與了織棉紗手套、高週波嬰兒尿褲、猴子爬樹、珊瑚項鍊、塑膠花等手工。約莫過了兩年，一九七八年農曆七月二十四日，靜思精舍發放日，在發放結束後，她向上人請求圓頂出家。

證嚴上人問：「你為什麼想要出家？」

「現在我有這個心念，到了明年，不確定是否退了道心？」德和師父明了人生無常、人心也無常，不知道哪天業障現前，還有這念道心嗎？

證嚴上人回應：「好！打電話回去跟家人講。」

結果全家人均反對！有人認為路途太遙遠，二哥甚至認為面子掛不住，不知如何面對親友們說：「小妹跑去出家？」

然而，德和師父道心堅定，預計農曆七月三十日圓頂。二十九日晚，德慈師父先為他落髮，翌日是地藏菩薩聖誕，在早課之後，接續圓頂儀式，由證嚴上人主持剃度。「上人為我剃度後，帶我到普明寺三皈依。」而其實，二十九日那晚，德和師父落髮前家人都趕到了。他們拍張大合照後，德和師父入內剃髮，家人則在大殿外偷偷流淚。「以世俗而言，家裡有人要出家，通常是不捨的。後期，精舍有師兄弟要圓頂時，家人前來觀禮，也有不少哭得稀里嘩啦的；高興也哭，不捨也哭。」幾十年後回想往事，德和師父雲淡風輕，而家人們也早投入慈濟菩薩道的行列。

**生忍法忍，如實安住**

德和師父圓頂後，證嚴上人賜予法名紹忍（後承印順導師法脈為悟平），字德和，期許他能「生忍」與「法忍（**即修心安住，不為生滅所動**）」。

「忍得人事的折磨與考驗，忍得四季冷暖的變化，忍得身體的冷與熱；人我是非都要忍辱，遇任何境界都能克服。」

德和師父的決心是，「選擇這個道場出家，就是任何事都要能堪得起忍耐。」

雖說凡事要堪得忍耐，但不是因此便沒了挫折。「曾嚮往出家生活，日出而作，日落而息，與世無爭，把出家修行想得很完美！實際上不是那麼簡單。」因為想像與落實產生差距。

德和師父說，「每個人的因緣果報不同，有人就會感招有事，有事就有是非……」每遇到磨難，心有所委屈，德和師父便到大殿與地藏菩薩交心。「每晚我會去禮佛，禮拜完就跪著仰望地藏菩薩，訴說心事。」

每當他把委屈訴說完，便再次發願：「我要道心堅固，要堪得忍耐……講完就釋懷了。」

回首來時路，德和師父認為，修行者要道心堅固，一定要養成一種修持的習慣。「看自己最崇拜、最嚮往的是什麼，就以此為修行的目標。」如同他的目標是向地藏菩薩看齊，忍辱安住。

「只要道心堅固，人事根本不是問題。」德和師父給予後進者叮嚀與提點，「要經過磨難，才能體會出家不容易。若前面的路走得太順，後面才遇到磨難，往往容易退失道心。」

如今，人生光景已是不同。德和師父深悟，「智慧要在人事中、處事中，去克服困難，才能法喜充滿，不枉此生。」

德和師父認為，修行就像行路。初時，像是產業道路，雖然崎嶇不平，但是初發心者，道心往往非常堅固，可以挺過、突破。

慢慢的，路會愈走愈平坦，像在走省道。「省道比產業道路好走，還是要小心。因為省道有岔路，如果突然竄出一個人、一輛車或一個事件，或彎錯路也不知道，還是很危險。」

往後，更平坦的時候，就像上了高速公路。「高速公路更好走，可是若有任何閃失，就粉身碎骨。」德和師父表示，當走到高速公路時，更要提高警覺，防護好自己，「要照顧好自己的心；一旦出錯，會更嚴重。」一路走來，德和師父感悟，「剛修行時，不要走高速公路，一定要走產業道路，必須歷經磨難和考驗。若能挺過這段路，就沒什麼事情可以把你考倒。」

回首這一生，選擇出家，德和師父沒有後悔！「我心心念念跟著上人一直走下去。」而來生，他仍然選擇出家。「我還是要來修行！這一生我能進來靜思精舍這個道場，真有福報！」

# 生活處事皆是道

**修行就是將是非當教育，讚美作警惕，莫因人我是非而退失道心，自礙菩提路。——德念師父**

德念師父乘年輕趕快學的，不止是法器、梵唄，還包括大寮香積、各項執事等。「我是半桶水提不起來，很多事不會做，家人疼我像寶貝一樣。」儘管家人疼愛，他卻選擇出家修行，「因為我想走這條路。」

**未來定會出家？**

一次，二姊將一件沒被家人提起的往事告訴德念師父，「當年一位法師跟母親說，你的這群小孩中，有一個未來會出家。」這群孩子有四女二男，其中二姊乖巧懂事又孝順，頭腦聰明會讀書，以為被點名了。但法師說：「不是你，是她。」是年方六歲的德念師父。

德念師父十九歲時，父親突發心臟病往生，全家人茹素。她問姑姑，何以要吃素？姑姑說：「吃肉就是吃你父親的肉。」她從此發心持齋茹素。

父親離世後，母親憂心得獨自扶養孩子，而遭人嘲笑：「你不會賺錢，會餓死哦！」德念師父安慰母親：「我來賺錢，您收錢。」

由於大姊在自家開設美容院，德念師父自小有機緣學習這項手藝，為幫助母親，二十歲時經營起美容院。「後來我們賺了錢，可以買下一小棟房子。」

而後，家中的一塊土地因都市計畫被列入徵收，母親因此傷感不捨。德念師父勸解母親，「政府把我們的土地徵收，拿去造橋、鋪路，媽媽的功德無量！」母親於是轉而歡喜。有捨有得，土地被重劃後，卻迎來意外的福報。

重劃後，僅剩的三條菜畦土地，剛好是一個店面。有人想蓋房子，想要買下，母親不捨祖產。德念師父再度勸慰母親：「您守著祖產很好，但這塊地擋著人家沒辦法出入；現在您讓人家不好走路，來生您也會不好走路。」

德念師父從因果觀曉以母親：「今天我們若讓人家好走路，媽媽來生就一帆風順，很好走哦！」不久，母親把祖產賣了。

賣了地，家境轉為小康，母親卸下了重擔，德念師父也關掉了美容院，自高雄大寮出生地來到屏東工作。

## 尋覓有緣的道場

工作之餘，德念師父好奇於老闆林秀鳳、也是屏東資深慈濟委員，從事捐助救人的事，「兩百元就可以救人，那我可以。」她共襄善舉加入慈濟會員。

此外，德念師父還參與一門禪修課程，因而生起出家的念頭。在林秀鳳的邀約下，到花蓮靜思精舍打佛七。

那年，德念師父三十歲，對打佛七並無體會。尋覓道場出家的她，屬意聖嚴法師著重禪修的道場，於是找了姊姊帶她前往臺北北投的農禪寺。然而，兩次都等不到車，「或許我與聖嚴法師沒有緣分吧！」而另一個原因，「法師是外省口音，我也聽不懂，到那裡出家也無用。」

輾轉三年，德念師父仍苦於找不到道場。平日裡，她每晚必誦《金剛經》，已翻至老舊的經摺本，背面的《藥師經》卻從未翻過。一日，起煩惱的她試想誦讀《藥師經》，「藥師佛有十二大願，有求必應。」一邊誦著，一邊尋思，「與我有緣的道場，到底在哪裡？」誦完後入睡，那一夜作了個夢，自己的鼻梁上縫了三橫，卻不痛不流血。

醒來後，靜心思忖夢境的意義？略懂拆字的她，將三橫加上四方臉的輪廓，及眉毛的草字頭合起來，「好像是個蓮字。」德念師父自我解讀，「莫非我與花蓮有緣？」

雖去過一次花蓮，卻是跟隨別人去的，她不懂得怎麼前往。「從小媽媽不讓我們離開高雄太遠，臺南以北都沒去過。」

德念師父聯繫上林秀鳳，雖答應帶她去花蓮，時間卻都搭不上。最後是屏東圓通寺法明法師將她帶往花蓮。

來到靜思精舍，德念師父以觀望的心態走走看看。在大寮，看到個兒嬌小的德宜師父，腳墊一塊空心磚，手拿大鍋鏟，炒著大鍋菜，「他這麼小個兒，卻拿得起大鍋鏟炒菜，架勢十足。」德念師父心想：「他可以，我應該也沒問題。」

又見知客室裡的德如師父，她又想：「他也小個兒敢來這裡，我為什麼不敢？」一聲「好」，心安定了下來。正巧證嚴上人走過來，她向上人說：

「師父，我有話跟您說，但不好意思在這裡說。」

證嚴上人緩步與德念師父進到殿內，坐了下來。「師父，我想要來這裡出家。」德念師父回想當時自己膽子真大。

「這裡的環境怎麼樣？喜歡嗎？」證嚴上人輕聲問。

「喜歡。但是我有些事還沒處理完，需回去一趟。」德念師父回應。

結果一回去，不太想來了。她很是掙扎，「跟師父說好了，答應人家慘過欠人。」

「但是這麼遠，要去嗎？」思來想去，既然答應了，還是得去。這回，依然是法明法師帶她到靜思精舍。

## 從處事中領悟佛法

初到靜思精舍，德念師父隨眾輪流執事。半年未聞上人講經，感覺每天只是不斷地做，她轉而想去讀佛學院，「我在家時已有規劃，假使出家一定要讀十年的書，當一個大法師弘揚佛法。」

一九八七年，證嚴上人開始講述《三十七道品講義》。當上人說到「身體力行」，德念師父十分震撼，「學習佛法多年，第一次聽到要身體力行。」她領悟到，如果一個法師在大眾面前講經論道，辯才無礙，卻沒一樣能做到，「那豈不是自打嘴巴？」

從此她打消成為法師的念頭，落實身體力行。隔沒幾天，竟有人前來邀約去讀佛學院，「想讀時，等不到人來找我；不想讀了，偏有人來找。」德念師父深感一旦執著的心境突破了，即使有人熱忱邀約，也不去了。

然而考驗與修行，非當下的一時一刻，而是塵點劫（譬喻時間甚長久遠）般的時時刻刻。

一年後，德念師父因人事困擾而心生離意。心想道業不成，那麼成就事業吧！她心中盤算著回俗家後，和大姊、二姊共同經營，企業藍圖擘畫得十分精彩。

時值一年一度精舍舉辦佛七，她思及今後無機會在精舍做事，當把握當下盡心盡力去做，等佛七結束再離開，「不然太可惜了，我一定要做起來囤。」因此她一個人做五個人的事。幾天下來，不但不覺疲累，反而滿心歡喜。

打佛七第一天，上人提到：「人啊，很喜歡在雞蛋裡挑骨頭。」坐在第一排的德念師父心裡一驚，「這是在講我。」上人又說：「雞蛋裡哪有骨頭呢？」

「師父又在講我……全部在講我。」德念師父自省原來是個喜歡挑骨頭的人，那個庸人自擾、無中生有的人。修行就是將是非當教育，讚美作警惕，怎能因些許的人我是非而退失道心，自礙菩提路。

她痛改前非，精進修行，「我把企業藍圖刪掉，不想回去了。」德念師父感念，「上人先後三句話，打破我的執著、妄想和煩惱，教導修行直到現在，所以我非常感恩上人。」

## 克服腰疼　如常執事

一九八八年農曆四月初八佛誕日，他如願圓頂出家，法名悟映，字德念。自許三年內學好三刀六槌，以常住執事為修行之始，奠定學佛的基礎。

從剛來時提不動一桶水，到後來做起粗重工作易如反掌，豈料有次搬運豆子時，竟「迸」一聲地閃到腰。

「早上閃到腰，下午還要到臺中帶共修？」德念師父憶起上人有次扭到腳，醫師囑咐要休息，上人卻依然為眾生而繼續奔忙，便想試試自己的意志力，「上人的腳腫成那樣都不肯休息，我憑什麼休息呢？」

那天，他如期到臺中帶領共修，繞佛繞法到第三圈，一隻腳卻不聽使喚。所幸一邊多一排，另一邊少一排，剛好可藉機慢慢走；在外人看來，可能以為是刻意走慢，其實是一隻腳拖著另一隻腳走；結束後，拖走到樓梯時，竟然還能踏上去。

返回精舍後，德念師父並未意識到該休息，想到還剩五天就換執事，於是照常去裝鐵模子上架，結果隔天起床竟無法走路，坐在床上直掙扎。

「手受傷套上護腕，就可以做事；腰閃到戴上護腰，應該也行啊！」他一心想突破，發現身邊有件以前做環保回收的護腰，正好派上用場，於是努力把腰束起來，雖然還是很疼，但勉強可走動。

「能走就能做！」他又繼續工作，直到輪執後才休息；其實並非休息，而是換別的執事繼續做。期間他照常禮佛，並無人發現不對勁。

「這是向上人學習到的精神，體會很多。」德念師父表示生活中考驗無處不在，遇困境時應勇敢面對，突破就能成長。

上人常言，要掙脫宿命，回歸慧命，並身體力行。德念師父出家十多年，歷經不少磨難才逐漸印證修行真義，也有所感觸：「來這裡磨一年，勝過在家磨十年！」

## 花言木語　無聲說法

一九九六年德念師父受慈濟技術學院之邀，教授生活禪。他沒想到當年所學，來到慈濟竟可以與人分享。三年後，德念師父輪執知客室，為參訪者導覽精舍、介紹慈濟，因而辭去生活禪的教學。

起初，德念師父以學習表達的心境為參訪者說慈濟，久而久之對自己介紹的內容感到反覆枯燥。後來，見學校老師運用靜思語教學，思考也可引用靜思語來介紹精舍的一草一木。

他從精舍的植物著手，蒐集資料認識植物，同時搭配證嚴上人的靜思法語，帶領參訪者走讀精舍的「花言木語」，體驗慈濟的真善美。

有天，來自屏東的許美香校長到精舍尋根，極為欣賞德念師父的導覽，並鼓勵其出書。於是在許校長的支持、協助下，三年後《花言木語》問世了。

一九八六年成為靜思精舍近住女，如今已過三十八個春秋，是否與初時修行的想法與境界相符？德念師父輕輕地說：「以前會想，非這樣不可，非那樣不可……」而今感悟，人都有成熟的時候，「把心安定了，那些自然不再想。」

他將更篤定、更踏實地跟隨證嚴上人，在慈濟菩薩道上精進修行。

# 清淨平等無礙行

**遇到事情雜多，就是一層一層地去處理，心性雖放在事情上，但要做到一心不亂，做完了就放下。——德寧師父**

七、八歲的小女孩，看電視劇演著尼姑敲木魚，她不知不覺也學著敲打，口中念念有詞。其實，念什麼她也不知，「那時沒接觸佛法，也不知道要念什麼。」

家住在風大、日大、沙大的澎湖，她成長至國中畢業，就離家到高雄就讀職業商校；畢業後又來到臺北工作。期間，她認識了慈濟，加入會員，日後參與見習委員，協助幕後收功德款。

繁華的臺北都會，車水馬龍；下班時分，她站在公車站牌下候車時，望著眼前車來人往，心靈常被觸動，「我好像不適合這樣的地方……這不是我要過的生活。」

然而，此時的她還無法描繪出，什麼是理想的生活？

## 擘劃藍圖，出家修行

日復一日，每回證嚴上人行腳至臺北，慈濟委員便邀約她前往聆聽上人開示。一次，看見上人時，她有種說不出的感覺，心裡念著：「上人，我要回到您身邊，好好地跟著您。」可是，她又不敢說出來。

日後，她到靜思精舍參訪，再見上人瘦弱的身軀，要做那麼多事，內心篤定：「我應該能來幫上人多承擔。」經營服飾店的她，內心向觀世音菩薩許願：「祈願店面如果順利頂讓出去，我要到精舍跟隨上人出家。」

不到兩個月，店面果真頂出去了。那時她卻想：「如果我再去上班個幾年，存一筆錢再出家，這樣比較安心。」一念起的那日傍晚，她用著晚餐，隨手轉開收音機「慈濟世界」廣播節目，上人開示正好提到，「有人說要出家修行，又說再多賺個幾年再去；然而，一旦錯過因緣，是不是還有機緣就不一定了？」

當下，她一愣，要再賺錢的念頭，馬上打消。「很不可思議，當我生起這個念頭，就有護法神來個當頭棒喝，我馬上立定決心！」

再次篤定心念，她向公司同事提起欲出家修行，竟然無人訝異；在同事眼中，她本就「很像修行人」。但她明了這項決定，父母必然難過與不捨。

當她返鄉向父母提起，果然是難以接受與不捨。「還沒有啦！還有兩年時間。」她預備讓父母有兩年適應期。

期間，她帶父母到靜思精舍參訪，「以後您們的女兒，會住在這裡。」又會見證嚴上人：「您們看，上人這麼瘦弱，為天下做那麼多事，您們的女兒以後就是要跟著他。」

時間輾轉，經過不多不少的兩年，她如願以償來到靜思精舍常住。她有感，人生道路如自己規劃的藍圖，「從慈濟會員，志工見習與培訓，到受證慈濟委員，更進一階出家修行。」

## 勇於承擔，報父母恩

還未出家的德寧師父，於一九九六年年底受證慈濟委員，隔年四月三十日慈濟周年慶前一天，如願來到靜思精舍常住。此前，一位常住師父知道她想出家，對她說：「精舍生活是很辛苦的，是要炒大鍋（菜）的，大鍋鏟你有辦法拿嗎？」

她竟然不加思索：「可以！」一心想出家的她，自認不怕辛苦。成為近住女後，證嚴上人也對她說：「精舍生活是真辛苦！」「我不怕辛苦！」她依然堅定地說。

「嗯，擱真勇敢！」上人當初說的這句話，深深印在她心裡。

初時，她跟著出坡，什麼都做。「那時，常住一群人，工作效率高，體力上也算輕鬆；因為人多，做事情就快。」

帶領的師兄說「做」，大家不二聲就做，「就是將今天的事情完成。有時超過出坡時間，也不計較，大家都是這樣的心。」

出坡幾個月後，她調到總機辦公室，協助總機工作；接著，是一些行政事務工作。繼而，接任總務，工作愈來愈多也愈細。「沒人做的事，叫我做，我都好，就像做家裡的事情。」

能承擔的便扛下來，項目愈來愈多，工作量也愈來愈大。她一方面思考到，「我沒辦法度父母進來，希望多承擔能等同於幫父母做的，以報父母恩。」一方面深信因緣，「凡事隨著因緣，有因緣就做，做得來就好。」

儘管如此，拿大鍋鏟還真沒因緣。雖說進過大寮學習，卻沒輪執「典座」煮食的執事，「也許，每個人各有因緣。」

## 心寬念純，不生煩惱

歷經三年近住女的磨鍊，他如願在二〇〇〇年三月二十四日圓頂出家，法名悟寧，字德寧。

德寧師父沒因緣輪執大寮，卻是庶務工作做多了，進而接了總務，並兼做證嚴上人歲末祝福紅包的設計。「早期是倪師父，後來是我。」他曾經設計「飛天歲末祝福卡」裡的「飛天」造型。「現在歲末祝福紅包，由柏師父承擔設計。」

總務工作細碎繁雜，接續還有常住人事、靜思人文營運等執事，光人事這一「擔」，有些需花很多時間處理。本身喜歡平靜的他，真是在藉事練心。「那也是在修鍊自己。遇到事情雜多，就是一層一層地去處理，心性雖放在事情上，但要做到一心不亂。」

「不花時間去互動，哪能建立好的情誼。」人與人之間應該是平等的，

「儘量做到平等觀。」這起自於從小，他內心裡的正義感。德寧師父回顧小時候，看到弱勢者或是被排斥者，會有一股想去助人的動力。「出家修行後逐漸明白人的本性，其實都具備佛性，只因為被過往累積的無明習氣障礙住了。」

「修行，就是藉人事磨鍊我們的心性！無論遇到好的或不好的，一切都要感恩。不好的，就是要考驗我們能否不受動搖。」德寧師父深知，證嚴上人所說的「心寬念純」；「遇事做就對了，不要去想太多，才不會起煩惱心。」

**事來心起，事去心空**

雖說不起煩惱心，可終日在靜思精舍山門內的日日夜夜，說沒挫折、沒倦怠，沒有起心動念，也是不可能。「有挫折時，我就跟佛菩薩講，眼淚掉一掉，很快就轉念了！無形之中，馬上又有助力推著我往前走。」既是出家修行，佛法所云「真空妙有、妙有真空」，理事無礙，自是了悟，不過是一座又一座的化城。

所以，他也感恩自己，遇到挫折時，不會就此停住，「我就是一直往前，沒有停歇的因緣。」所以，他常與人分享，遇到挫折時，沒辦法解決的，就先放下。「做可做的、可成的，其他的再等待因緣……我從出家到現在，凡事都抱持著因緣觀。」

《大乘起信論》云：「又諸佛法，有因有緣，因緣具足，乃得成辦。」一路走來，凡事隨順的因緣觀，讓德寧師父有感自己的出家修行路，還算平順。「只要能時時自我觀照，秉持因緣觀、無常觀，在修行的路上，應該不會有什麼障礙了。」

也因此，他感悟到，「真正的感恩，是打從內心發出的那一分心存恩念，不是形式上的一個口頭禪。」

在靜思精舍的生活，從打板、早課，到安板、止靜，終日忙碌是無所止息。然德寧師父認為，凡走過的不一定要留下足跡，「我處事似乎就是做完就空了，做過就放下了，是很單純的。」那彷若是，證嚴上人所開示的「前腳走，後腳放」；又若是《金剛經》所云「應無所住而生其心」。心若清淨、平等，便無需罣念於何人、何事、何物了！

# 晨語

每日清晨，證嚴上人於靜思精舍大殿內，引領全體弟子靜坐，並開示修持要領。句句法語，如炎夏清涼甘露、寒冬溫煦暖陽，滋潤著眾人的八識田中。

寂靜，無聲！

無聲中，彷若微風拂過樹梢沙沙；彷若檐廊下，木質地板也在作響；彷若山間，晨曦、雲朵慢慢輕爬；彷若遠方海裡，浪花也在滔滔；而山門外，鐵軌上的火車由遠至近，疾速而行。如證嚴上人曾云，「感受到了，大地的脈動；聽見了，大地的呼吸！」

鼻間，彷若香燭飄冉；耳邊，被真空填滿；眼兒，輕輕閉上……心境，如實如幻！《無量壽經》：「彼國菩薩，承佛威神，於一食頃，復往十方無邊淨剎，供養諸佛。」須臾之間，是風動，亦或心動？證嚴上人尚且教示弟子「數息觀」，安住己心，不散亂。

宇宙萬法，天地一片空寂無礙，天地萬物，各自生息；地球轉，時間動；而人，盤坐在殿堂裡，就等那一聲響！

「鐺！……」地鐘再度響起，「開靜」，將一切的寂靜，敲散！

靜坐的人，始動，換腿再盤；復又端坐後，抬頭，前方講桌，證嚴上人開示首句：「諸位同修！」亙古不變的一句，日日在晨語開示時，與眼前的諸位「道安」！

不是師徒，而是「同修」之間，何等廣闊的平等觀。晨語，也在這樣的平等下，開場！

## 靜思晨語竭無明

一九六九年，靜思精舍建築落成，常住眾舉辦「佛七」，證嚴上人開講《法華經》；時經三年，一九七二年於佛七法會中宣講《無量義經》，用的是證嚴上人親手刻鋼板的《無量義經》經摺本，抄錄自日文《法華經大講座》，一字一句地抄刻。

一九七三年，娜拉颱風來襲，災情慘重，證嚴上人深感救世當先救心，舉辦藥師佛七，於精舍宣講《藥師經》；而後，又開講的經典，有《四十二章經》、《地藏經》、《八大人覺經》；一九八五年，為籌建慈濟醫院，於臺北宣講《藥師十二大願》，同步於精舍宣講《佛遺教經》。

一九八六年起《淨因三要》、《三十七道品講義》；一九八九年《降伏十魔軍》、《父母恩重難報經》；一九九〇年《人有二十難》、《菩薩十地》；二〇〇〇年，再複講《三十七道品偈頌釋義》、《人有二十難》。

二〇〇三年，伊拉克戰爭爆發、SARS疫情，為呼籲人人戒慎虔誠，以五年時間講完《慈悲三昧水懺》集成《法譬如水：慈悲三昧水懺講記》套書。

一九九八年之前，靜思精舍唯有大殿一座，證嚴上人均於此講經說法。大殿正後方空間作為功德會辦公室、寮房與工作房，一九九八年此空間改建成為「觀音殿」。而後，隨著常住二眾、在家二眾日漸增多，早課場地增加了觀音殿，上人晨語開示場地亦移至觀音殿。

二〇〇八年，證嚴上人宣講《無量義經偈頌》。此前的二〇〇六年，證嚴上人基於皈依師父——印順導師的提醒，深感要讓出家弟子們，有個穩定的修行道場；全球慈濟人回到心靈的故鄉——靜思精舍時，有個佛教精神形象的家。

「這個家，不只是道場，還有一群常住修行者，全球慈濟人的家才會永遠存在。」證嚴上人與弟子們規劃原地重建，期盼重建後的靜思精舍能千秋百世，靜思法脈能源遠流長。

觀音殿，於二〇〇九年九月十九日進行拆除工程，早課遂移至「新講堂」，此時晨語重播《無量義經偈頌》；二〇一一年全球慈濟人演繹《法譬如水》入經藏。

二〇一二年元月，新建築落成啟用，上人定名為「主堂」；靜思精舍早課與上人晨語開示，自始移至主堂迄今。

## 晨語靜思觀自性

主堂內，宇宙大覺者空懸，四周星空微閃，那是宇宙，亦是天幕、螢幕。早課諷誦的經文，投射於此，繞過宇宙大覺者身後，自左而右，流轉。

《無量義經》經文：

**非動非轉非閑靜，非進非退非安危；**
**非是非非非得失，非彼非此非去來；**
**非青非黃非赤白，非紅非紫種種色。**

宇宙大覺者，似動卻無動；天幕，亦動亦不動，納受著經文流轉，是而法輪大轉。

靜思精舍主堂完成，此前的《法譬如水》、《無量義經偈頌》重播，將眾人心靈滌盪、安住後，證嚴上人於二〇〇九年七月二十三日，再次啟講《法華經》一乘大法，融進全球慈濟人入世行經的所為，事理相印，是名《靜思法髓妙蓮華》。

時光倒回，主堂裡，早課還在進行，準備結齋：

**薩多喃 三藐三菩陀 俱胝南 怛姪他 唵 折隸主隸 準提娑婆訶**

**所謂布施者，必獲其利益，若為樂故施，後必得安樂；**

**供養已訖，當願眾生，所作皆辦，具諸佛法！**

〈結齋偈〉結束，引磬、木魚敲下最後一響，之後念佛地鐘起。證嚴上人自主堂大門行入，前方兩側側門，一位弟子自左（西班）而入，手捧筆電；另一位自右（東班）而進，手捧平板，快步行至講桌旁，佈線、接上筆電，續而測試前方垂下主堂正門的布幕，投影是否正常？

大眾持續諷誦佛號：

**南無娑婆世界，三界導師，四生慈父，人天教主，三類化身，本師釋迦牟尼佛……**

證嚴上人行至拜墊處，禮佛三拜，起身，復行至講桌後，轉身向大眾，準備升座。兩位弟子恭等上人安坐別上麥克風後，將講桌的抽屜打開，擺上筆電與平板。

耳邊，地鐘仍持續，大眾隨著地鐘節奏，諷誦著：

**南無本師釋迦牟尼佛**

**南無本師釋迦牟尼佛**

**南無本師釋迦牟尼佛**

**釋迦如來，釋迦如來，釋迦如來……**

執地鐘的常住師父，兩手忙著，口兒諷誦著，兩眼時時觀照前方，確認證嚴上人與兩位師父一切就緒。上人靜坐，兩位師父離開主堂，執地鐘者方剎板：

**釋迦如來，釋迦如來，釋⋯迦⋯如來！**

諷誦結束，地鐘再三聲響，證嚴上人與大眾，靜坐，一切寂然！

待地鐘再一聲響，開靜後，證嚴上人晨語開示，啟講！

此時，晨五時二十分。

## 法音宣流遍全球

那位自左側門行入主堂的人，是德晴師父。每天他在早課行將「三皈依」時，起身離殿，在殿門外準備好上人講經用的筆電及平板。待大眾三皈依結束，他拿起行動碟，前往上人書房，將上人今天要講述的簡報存入。

緊接，他再度來到主堂側門外，將檔案存至講經用的筆電裡，同時行動碟交付予副控備用，「如果講桌上的電腦有狀況，副控的電腦馬上補位，投影簡報。」德晴師父說。

接著，〈結齋偈〉起，「南無娑婆世界」佛號聲起，德晴師父再度前往上人書房，將講經用的平板帶出來，到主堂門外候著。「因為有些經文，和最近的時事新聞，或上人今天參考要講的故事，都存在平板，所以講桌上備有筆電和平板。」

這一切的動作，需在「本師釋迦牟尼佛」佛號的念誦，與止靜前完成。時間彷似很長，其實很緊湊，「大概從五點一直到上人升座，我們都是衝來衝去。」

在旁人看來，他們看似是從容、安適的。「其實，我們內心是處於戰備狀態。」

得要一切準備就緒，讓證嚴上人在接下來一個小時裡，講經說法無礙，非有定力與專注力，難能勝任。德晴師父表示，與其說是緊張，其實是一分戒慎虔誠，「以恭敬慎重的心，專心和用心把這件事情做好。」

這項工作，德晴師父自二〇〇三年，證嚴上人在觀音殿宣講《法譬如水：慈悲三昧水懺》開始，「早期，上人在大殿講經，《藥師經》、《法華經》……都是直接講述，沒有筆電稿，沒有任何的資料或講義。從《慈悲三昧水懺》起，才使用電腦準備講稿。」

靜思精舍早課，日日無休，任憑夏炎冬寒，風吹雨打，火車、飛機、大雨聲響時而干擾，亦不退散。主堂裡，證嚴上人端坐講桌前，背不靠椅，挺直腰桿；講經說法，時而兩手操作筆電與平板，眼兒垂視，不傾不搖，復又直視前方，威儀實具。

自一九六九年至二〇二三年，證嚴上人晨語或因緣開示，陸陸續續已宣講的經典近二十五部。

證嚴上人晨語開示前，德晴師父自主堂退出後並未離開，而是等在門旁，隨時觀察上人的舉動。「有時上人會提示，按了簡報，怎麼沒投影出來。」德晴師父會先評估是電腦問題，還是後端副控沒將投影推出去，再決定是否進去協助。

「除了怕被攝影機拍到，也擔心問題處理不了。」但德晴師父仍果敢潛行至講桌前，「若因資訊系統的問題，而造成上人講經不順，將影響到全球在聞法的人。」

無法解決問題時，「這時會請上人看著講桌上的電腦，然後從副控投影簡報至大螢幕。」這不是智慧過人，或一蹴可幾的臨場反應，德晴師父說：「是在做中學習累積經驗，如何讓主講者安心，就會較順暢、圓滿。」

這樣的守候，直到證嚴上人講經結束，德晴師父才又與另一位師父，從左右兩側門進入，協助上人離座。在大眾回向結束前，收拾筆電、平板，帶出主堂才離開。

是時，早課、晨語結束，大眾依序出班……

# 輕安自在清淨心

**以知足、感恩，坦然對己；以善解、包容，善待他人。當自己放下了執著，就能體會到輕安自在。——德晴師父**

蘭嶼，一群「生命線」義工，從臺中來此遊玩。其中，一位曹大哥的在地朋友，熱情招待大家晚餐，準備料理八卦蟹（學名椰子蟹）。洪子閔從沒吃過，好奇於「是怎麼煮的？」就跟著去看。

只見那人將八卦蟹隨手一抓，丟進一鍋滾熱的沸水裡。牠不斷地掙扎、翻騰，最終奄奄一息地仍死命掙脫。

洪子閔見狀，嚇壞了。「牠翻著肚子，很像當時流行電影ＥＴ的臉，掙扎著救命。」她強忍淚水，往外走去，直到臨近一處山坡的暗處，才眼淚直流。

同行的義工們，是歷居平日感情甚篤的夥伴，常聚會、泡茶。此刻，他們卻找不到負責泡茶的洪子閔。

最終，一位義工師兄找著了她。看到心情不好的洪子閔，也不由得感嘆：「看到八卦蟹這樣被煮，真的很不忍心。」素日安靜的師兄，雖剛學佛，但自知修行尚淺，還未能善巧勸人吃素，或制止他人殺生。

他主動向洪子閔介紹佛法，「事後送了我幾本聖嚴法師的著作，和一些佛學基礎的書，並告知如果想進一步，很多寺院辦的八關齋戒、五戒、菩薩戒，有機緣可去參加。」

那晚，洪子閔沒上桌吃飯，「完全看都不敢看。」

## 學佛，就是學做人

兩個月後，義工師兄捎來訊息，佛光山將舉辦「五戒」戒會。逢甲大學資訊工程學系畢業、從事資訊業的洪子閔，平時工作忙碌，沒想到正好有空檔。「一切學佛的因緣，是水到渠成。」

受五戒前，洪子閔幾乎餐餐食肉，方有飽足感。她擔心五天的戒期沒吃肉會沒力氣、沒精神上課。於是，臨行前一個禮拜，每天嘗試吃素。

「那時，不知素食怎麼吃，外食也少有素食餐館，就每天準備吐司、饅頭，只要覺得餓了，便吃這些容易飽的食物。」幾天後，她到佛光山受在家五戒，「這五天居然很適應。」

那是一九八五年。洪子閔受完戒後，心想既然能連續十天吃素，何不就此茹素呢！自此，有學佛相關的活動，只要時間允許，她都樂於參與。

接著，一九八七年，她在埔里靈巖山寺受在家菩薩戒，同年亦受證為慈濟委員。

五戒，即不殺生、不偷盜、不邪淫、不妄語、不飲酒；菩薩戒，最多、最重視的便是持齋。「吃素能做到，其他應該不難。」洪子閔說：「不要把它想得很困難，或是很深奧的佛法，其實就是學做人的基本功。」

洪子閔八歲時，父親在工作中因腦溢血而往生。父親的遽然過世，令洪家失去了經濟支柱。當時，小學一年級、排行老么的她，上有三兄一姊皆在求學，母親毅然決然扛起重擔，同時背負起丈夫為朋友背書，而欠下的一大筆債務。

母親除了將房子的一樓出租，並為人洗滌衣物，來維持家計。每當孩子學校開學，就得向娘家的手足商借註冊費，直到老大大學畢業服完兵役，才減輕負擔。

縱使經濟拮据，母親仍要求他們至少受完高中教育，並教導養成勤勞節儉的好習慣，以寬厚和氣待人。子女成長後，也不拿取孩子的薪水，來償還家中債務。洪子閔深感，「母親那分堅韌不拔的心志，很偉大。」

從小對物質欲望較低，長大後的洪子閔，也習以清心寡欲。「從小不曾擁有的，長大後也不覺得缺乏，自然不會被物欲所牽制。」

洪家離臺中後火車站不遠，鄰居張雲蘭是證嚴上人未出家前的結拜姊妹。一九八四年，洪子閔和張雲蘭的女兒、姪女等四人，規劃到花蓮旅遊。張雲蘭便安排她們到靜思精舍安單，並皈依證嚴上人。

「不是主動自願的。」她們一到精舍，第一天下午便進行皈依儀式，結束後就出去遊玩。「那年代，精舍人很少，上人會親自接待訪客，講皈依、講佛法，包括接引年輕人。」

這年，花蓮慈濟醫院正建蓋中。

## 職志合一，修己利眾

回臺中後，洪子閔加入慈濟會員，常到慈濟臺中分會做志工；每年亦安排空檔回精舍，心境由第一次的遊玩，到全心參與精舍的勞作。「每次回來都去出坡。那時，幫忙剪養樂多瓶子做蠟燭；洗薏仁、洗黃豆，鋪在板子上，在大殿前的廣場日晒；還幫忙晒過被子。」

那段是非常快樂的時光，「一面工作，一面比賽，寓教於樂。」從小家裡貧困，洪子閔不覺得在精舍做事很辛苦，「從小天天如常在做，就不覺得是辛苦。」

如此來來回回，一九八八年中秋節，她回精舍參加全省委員聯誼會。證嚴上人知她從事資訊相關工作，便邀請她加入志業行列，「醫院即將啟業，會員愈來愈多，上人思考電腦化作業，請我能否到基金會幫忙，把勸募作業電腦化。」

一九八六年，花蓮慈濟醫院啟業。一九八八年，洪子閔先在慈濟臺中分會工作一個月，並於十一月來到靜思精舍，加入慈濟基金會職工行列。「到精舍上班後，過的差不多就是僧團生活了。」每日，洪子閔參與課誦，工作之餘，也參與常住副執事勞務。「那時，公盤和私碗都要洗，還要煮碗消毒，也要行堂，就是分擔『家事』。」

每日清晨的課誦，洪子閔感受愈深，想到自己的未來——願在慈濟做一輩子。然而，母親中風，兄長們對於佛法一無所知，如何能讓他們理解出家的殊勝因緣？她內心有些煩惱。

當年，早晨七點半到八點半，是證嚴上人為精舍常住眾和職工同仁講經說法的時間。一天，上人講述《八大人覺經》第七覺悟：「五欲過患，雖為俗人，不染世樂；常念三衣，瓦鉢法器；志願出家，守道清白；梵行高遠，慈悲一切。」

證嚴上人開示，學佛之初應該先學做人，珍惜時間，遠離五欲，進修己德。肯實心修行，即使是俗人也能成就無量功德。而所謂志願出家，就是身雖在家，心也要有出世的精神。所以要立下志願，要有出家人的信心、毅力、勇氣，才能成就度眾大志。

洪子閔當下恍然大悟，隨順因緣善盡孝道，抱著修行的心，安住精舍。

待母親百年後，若因緣不具足，無法出家就帶髮修行。人生的境遇，就如印順導師《平凡的一生》所言：「我如一片落葉，在水面上流著，只是隨因緣流去……」她已然釋懷，不再執著。

## 把握因緣，優化勸募作業

一九九三年，洪子閔的母親離世，同年她轉為近住女，學習分攤執事、承擔工作，一面為出家準備，閱讀經書。「學法器、背誦經文、三刀六槌……都是出家基本一定要會的。」

正如資深長老德融師父的勸誡，這是你一輩子的，一定要學會，「會了，上不上場執法器是另外一件事。」

「一定要抓緊時間學習。」洪子閔從資深師父身上，學到如何善用時間。「像禪師父以前在勸募組，從早到晚，委員隨時來繳功德款，一定當下把這些工作做好。」

德禪師父初到靜思精舍，很明確要出家，便善用時間學法器。洪子閔說：「禪師父教我，例如正在學鈴鼓，早課時注意鈴鼓的板眼，內心默默跟著敲。」

初學時，拍子一定跟不上，「禪師父教我們，從走路當中，在腿上練習打拍子。」

德旻師父總是自修閱讀到晚上十一點半，凌晨三點五十分打板，三點半就起床在用功了。

「有陣子我在讀《妙雲集》，就利用上殿前半小時，每天持續，就讀了好幾本。」洪子閔說：「時間的利用都在於自己。」

一九九五年十一月，洪子閔出家圓頂，法名悟晴，字德晴。

「早期捐款徵信，是用打字排版，每年一定要統計、刊登每位大德捐輸的金額。」這是證嚴上人始終秉持的誠正信實原則，「每一位大德捐款從開始到往生，這輩子在慈濟捐了多少錢？能夠如實記錄下來。」

而後，把捐款會員名冊轉成電腦檔案，排版列印出來，是德晴師父做的第一件電腦化的工作。當時他想應該不難，「只是每筆捐款的累計，及會員的姓名、地址資料。」

豈料，執行與預期落差很大。慈濟克難功德會每件事的開始，都很克難，當時僅他一人具電腦資訊專業，於是德晴師父決定集合現有職工人力，「馬上訓練，從不會開始學起。」

過了三個月，仍沒完成。「我們眼睛一睜開，就是在電腦螢幕前輸入資料，直到眼睛睜不開，就往桌底下躺下去，再把另一人叫起來，持續地接力。」

當時，全臺慈濟會員人數二十二萬多，往後幾年迅速成長到一百萬。隨著慈濟四大志業相繼成立，募款與捐款種類愈發多元；早期委員須親自到各分會繳功德款，後來有劃撥、電匯，與近年的網路捐款、臨櫃捐款、賑災募款，及個案濟助系統的演化與進階等，都考驗著電腦作業系統。一九九一年，網頁開始風行，又開始建置融合宗教人文的慈濟網站。「從最早的捐款徵信，到勸募系統的自動化作業，期間歷經了好幾代資訊化的過程。」

回首來時路，德晴師父體悟到上人對事情的真知灼見，「上人常說要把握因緣。事情可能愈發展愈大、愈快，幸好當年及時開始資訊化，否則真的來不及！」

## 放下我執，結好人緣

德晴師父自出家以來，無論生活大小事，或人與人、事與事之間，常以珍惜因緣、隨緣自在的心，期許能以圓融人事物的歷練，圓滿每一個機緣的任務與使命。

「以前做事理直氣壯，要求別人也很嚴。」事情結果不一定能圓滿，還可能失去友誼，「可能踢到鐵板，甚至不再往來。」

他進一步反思：「做事情重要？還是結好人緣重要？」

出家前，德晴師父習以誦持《金剛經》，期許朝向「無我相，無人相，無眾生相，無壽者相」的境界。「從『無我相』起修，『無我相』放下了，就不再執著自我了。」

他自我鍛鍊，以開闊的心，並以證嚴上人的「四神湯」——知足、感恩、善解、包容，坦然對己、善待他人，建立和諧的人際關係。「當自己放下了執著，就能體會到輕安自在。」

證嚴上人常云「出世心，入世行」，以出世的心，做入世的工作。德晴師父起初承擔電腦資訊工作，除需在專業上精進，亦得學佛及學習執事，為此他調整心態，自訂「二八定律」的工作觀。

「八成在技術上用功，兩成在佛法精進。」他自我定義，「事情多，無法太追求圓滿與完美；如果有八成做好，不是太差，就算可以了。」

而今，走過三十四年，他再度調整與定義，「當前精進用心在佛法上，沒繼續鑽研電腦資訊，因自己的技術已跟不上現今科技，定位自己只是一個指導師父，適時給予同仁們關懷。」

隨著慈濟四大志業開展，迄今資訊組有十個資訊單位，分散在各志業體。雖然電腦資訊始終居於幕後，但自從啟動推廣電子書、電子勸募本後，把資訊人員推到前線，在全臺各地舉辦說明會或教育訓練，「透過『人文資訊營』，讓資訊同仁與社區志工相互串連，代為服務不懂資訊的老菩薩。」

迄二〇二二年止，「人文資訊營」已開辦了十年，後因疫情緣故而暫停。弘法利生是出家人的本分事。早期德晴師父恪守在電腦化的工作上，而今隨著弘法的需要，承擔營隊「飲一杯智慧的水」座談、主持志工早會，或者線上弘法，讓自己接受挑戰與磨鍊。

「不斷調整自己，需要去會務關懷、法親關懷，歲末祝福到社區發福慧紅包，主持營隊圓緣……只要能力所及，就盡心參與。」

隨著靜思僧團人數增長，慈濟志業不斷發展，資訊系統也與時俱進。事情，始終沒有做完的一天；修行，亦是分分秒秒，無始無終。

此時，德晴師父的心境是，守住本分、安住心，步步踏實，持續地做下去，累生累世，無止境！

# 大寮

**大寮為僧團中烹調食物之處，即所謂廚房。其名由來，實為過去叢林辦造飲食的地方，是最尊貴的修行處所。修行人在此修養心性，結十方緣、廣修供養，故佛門有云「三千諸佛皆出在廚中」。**

凌晨三點五十分，當板聲響起，大眾往大殿做早課，一組僧眾則往「大寮（註）」一行去。典座、切菜、飯頭三組人，各司其職，尋來抹布和清水，將桌、櫃擦拭清潔；鍋盆、器具以開水熱燙，使其潔淨無染。

典座，為禪林裡於大寮負責大眾齋粥的主廚者（香積），一切供養務須淨潔，物料調配適當，且節用愛惜之。

前一日，典座將該洗、該挑、該剝的食材取出，由挑菜組和洗菜組先處理備妥；當天要切的則交由切菜組，依典座所需的大小、樣式切好，復交回典座處，準備烹調。

是日，靜思精舍早齋的主食是饅頭，搭配一至兩道小菜，佐以穀粉熬漿。典座三人，一人煮漿，一人負責小菜，另一人則將剩菜加熱。他們行至鍋爐處，各就各位；食材已備好在鍋盆內，饅頭已放置蒸箱中；油、鹽、醬料置於一旁，鍋、碗、瓢、盆、刮刀等廚具，一應俱全。典座將蒸汽鍋開關一扭，熱能始動了起來。

另一頭，飯頭兩人，一人負責便當菜，用的是小鍋、小爐；另一人負責煮飯，用的是四個百人份大電鍋。煮好的米飯，主要是供應靜思精舍常住眾、同仁及志工的三餐主食，少量作為便當之用。彼此分工合作，當所有鍋爐啟動，是日靜思精舍大寮執事，始動；一日僧眾之齋食——食輪，始轉。

## 舌根法味，磨熬考驗

是時，靜思精舍承擔大寮窗口的是德瑋師父（至二〇二二年底止）。他說明：「大寮有典座、切菜、飯頭，還有挑菜、洗菜、水果組，這六組算一個大寮組。」其中，典座既是主廚者，也是開菜單、調配菜色者。

現今，靜思精舍大寮煮食所用的鍋爐是蒸汽鍋，共有五個。每個高至人的腰處，直徑寬是伸手搆不到，深則需彎腰方能觸及。如此大且廣的「鼎」，用的是雙手才能掌握的大鍋鏟，靠著腰力才能鏟動食材，是為「扞鼎灶（掌廚）」。

由於炒的是大鍋菜，速度要快又要確實，需掌握蒸汽鍋的特性，及手持大鍋鏟的手勢。沿著鍋邊的水分與熱度來翻炒，較為省力；若使用鍋底翻炒，會較吃力。

早期舊大寮，用的是燒柴的大鐵鍋，相較於使用內部熱循環的蒸汽鍋，火候得靠人工和經驗來掌控。菜不能沒熟，亦不能燒焦，鍋緣要夠熱，柴要散開放置，不能放太多；木柴有猛火、慢火之別，如杉木富有油脂，燃燒會比較旺；前一道菜以大火起鍋後，後一道菜要退火，把灶裡的柴火拿出來些，再視菜色決定火候，添柴或不添……

烹調好後，盛裝在大鍋、大盆內，切菜組立即接手，一一分盤盛裝。「所以，切菜組是負責周邊管理、洗刷，然後切菜，再把菜上好。」

切菜組把菜上好，是將分盤盛裝的齋菜，上到推車上，再由行堂組推至齋堂，一一上桌。如此陣仗，有如辦桌，將大寮、齋堂裡裡外外，置辦得非常熱鬧。

靜思精舍一日三餐，外加上午的點心，四頓粥食全由大寮七人負責置辦。德瑋師父說：「就是典座三人、切菜兩人、飯頭兩人，這七個人一組。」

七人一組，不含挑菜、洗菜組及行堂組，七天一輪。但這七人，常是每輪不同的人員組合。德瑋師父表示，「它是滾動式的。可能他這一次是典座，下一輪是飯頭，再下一次是切菜，然後挑菜、洗菜……每輪遇上的人不同。」

此年，承擔大寮窗口未久的德瑋師父表示，這「七人組合」，令他充滿挑戰。因為「有人是急驚風，有人是慢郎中……」，然而他以不分別、不執著來因應，「不需要應對，該做的做，該說的說，事情來了就承擔，沒有想太多！」

## 靜思家味，三德六味

靜思精舍早齋食用饅頭，起於二〇〇九年，證嚴上人晨語宣講以《法華經》為本的《靜思法髓妙蓮華》，為使僧眾能精進多聞法，省時省力而將四菜一粥（或一飯）的早齋，改成簡單的饅頭，搭配粥、漿，佐以小菜，清淡簡食。

靜思僧團奉行證嚴上人自力耕生原則，無論大寮或出坡，耕作、打掃及清洗晾晒被套等，均是人人身體力行，大量體力付出的勞作。早齋是早課和晨語後的六時至六時二十分，離午齋時間甚長，故於九時三十分，大寮會備有點心，令大眾能果腹與身心寬暢時刻。

這日早齋後，典座趕忙準備午齋；德瑋師父就著蒸汽鍋，一人烹煮點心。他用高麗菜佐以胡蘿蔔絲點綴，炒著麵條；份量少則兩百人，其中不少慈濟志工到精舍短期精進——出坡，用餐者眾，需三鍋才夠。他手握大鍋鏟，專注而迅速，在熱氣蒸騰中一鍋一鍋地炒！

見出坡大眾陸續回到齋堂，德瑋師父趕緊將炒好的麵條盛裝上桌，及時地讓大眾用上了點心。

炒麵，是常備點心菜色。然而，大寮裡還有不少香積好手，如德映師父常置辦出普羅大眾喜歡的芋圓、地瓜圓，佐以熱仙草，或是清蒸芋頭蘸醬油膏、蘿蔔糕等，讓大眾食得滿心歡喜。

德映師父出家近三十年，現今是大寮的指導師父，長年執持香積，對食材的特性對應於不同的體質，有一番認識與見解。對於許多出家前未曾掌過廚的新進者，他悉心地指導起了很大的引導作用。

靜思家味，以三德六味入菜。三德，即清淨德、柔軟德、如法德；六味，指苦、醋、甘、辛、鹹、淡。據《南本大般涅槃經》載：「佛臨涅槃時，諸優婆塞為佛及僧備辦種種飲食，其食甘美，具有三德六味。」傳至後世，成為寺院每天上供所念誦的供齋句：「三德六味，供佛及僧。」

德映師父常以此引導新進者，「清淨德，食材要洗乾淨，不能雜汙；柔軟德，就是苦、澀、酸，難以入口，如何調到順口，令大眾吃得下，身體健康；如法德，食材沒了，要去籌備好，讓大眾都有食物吃。」

德映師父表示，承擔執事若心思彎來彎去，百般計較，那不是真正的發心。他常憶，初到精舍時，師兄們的叮囑：「承擔大寮、掃淨房，功德最大。」「因為廁所氣味不好，大寮很累，願意承擔、甘願發心，功德最大。若心不甘情不願，沒有功德，反而會更不好。」他謹記在心的是，「一切都有因緣果報。」一九九二年他成為近住女，輪執十五年後，固定承擔大寮執事至今，是為大寮指導師父。

## 磨鍊心性，培福修慧

早齋、點心過後，午齋是四菜一湯。「其中有一樣豆料，有時要煎、炸、滷；煎或炸就需要一個上午，所以一個典座專門烹調豆料。」德瑋師父說。

「一個就負責青菜，另一個則搭色菜（配料菜）。」德瑋師父說明：「煮菜、燙菜時間比較短，可能也負責煮湯，一人承擔兩樣工作。」如此三個典座，需承擔一日三餐加點心的料理，自行分配任務。

近午時分，是大寮最忙的時刻。只見五個蒸汽鍋齊開，三位典座加近住女，及前來協助的幾位常住眾，鍋聲、鏟聲、餐盤聲，在一片熱氣蒸騰中，忙中有序地進行著。

這一菜一湯、一滷一燙的午齋，動輒是兩百多人份量，若逢全臺委員聯誼會、寒暑期營隊、周年慶朝山，及海內外培訓委員、慈誠尋根之旅等，上則千人的齋食，是考驗最大、體力最耗的一項執事。

德瑋師父有感，大寮窗口堪為一個橋梁和服務的角色；而典座是一項大承擔，「無論菜色、份量、味道的拿捏，都是一種自我磨鍊。」

即便是大承擔，德瑋師父只輕描淡寫：「都是本分事！遇任何事，若能真誠用心，都叫本分事。」

這本分事，在早期更具考驗。德念師父說：「早期香燈是全的，典座也是全的！」所謂的「全」，是輪執典座只有一人，要負責摘菜、挑菜、洗菜及烹調，包括便當菜及行堂。

「早期輪執典座，是沒有休息的。」早齋後，繼續準備上午的點心，又趕忙準備午齋。「打飯前要排桌子、擺碗筷，接著盛飯……」德念師父回憶道。午齋完，還有「煮碗」任務，把大眾使用過的碗置於大鍋中，燒水煮沸，以達消毒殺菌作用。「煮好時下午兩點多，又開始準備晚上的藥石……」雖然時刻沒能休息，德念師父卻說：「其實不捨得休息，連續做了十天。」

秉持證嚴上人「要把最好的給別人」的供養心。花蓮慈濟醫院建造工程期間，許多會眾來訪，典座在準備齋食時，總會將僧團平日捨不得吃的食材，以歡喜心與大眾結緣。早期擔任大寮指導的德和師父表示，要以虔誠供眾的心，讓人吃得歡喜；所謂「法輪未轉，食輪先轉」，飲食是廣度眾緣最直接、簡單的方式。

典座的工作既繁雜又辛苦，自古許多高僧祖師皆從中淬礪身心，開悟見性，而成為佛門龍象，住持正法；如六祖惠能、溈山靈佑等。日本道元禪師更在〈典座教訓〉一文，明示典座為重要修行之一，因為必須具足供養心、歡喜心、平等心，才能資益大眾。

註：大寮，另稱「香積廚」、「香積寮」。《維摩詰經．香積佛品》提到，香積佛住世於眾香國，眾香國的香氣為十方三界第一，他們會用香飯供養諸佛菩薩，故在僧團中，準備法師及大眾齋食的人，稱為「香積」。

# 飯頭

**大寮飯頭負責煮粥飯和準備便當，隨時掌握人眾之去來，水米之增減。與典座分勞，和合而護惜常住。**

冬日時節，這日，凌晨三時三十分，距打板還有二十分鐘。這回輪執飯頭的德澄師父，已行入大寮飯頭區，把前一日量好、洗好的糙米取出浸泡，再拿出胚芽米量好、洗好，放置於推車上。

「因為天氣冷，為了煮得柔軟，糙米於前一日先洗好；若是夏天，不需提早一天，容易變酸。」德澄師父說。

緊接著，他往齋堂和「菩提區」用齋處，檢視飯鍋內的剩飯。「要先處理剩飯，不能與剛煮好的混在一起。」德澄師父分別將兩鍋的糙米和白米剩飯抬起，放置推車上。

飯鍋，可盛裝一百人份的飯量，六公斤重。清瘦的德澄師父大約不到五十公斤，得自個兒一人抬飯鍋。「就是要想辦法！」只見他雙手緊靠胸腰，利用身體的力量，倏忽間，已把飯鍋抬起放到推車上。

將剩飯推回飯頭區，再次抬起，放置固定的檯子上，插電保溫後，拿起浸泡好的糙米，倒水、瀝乾。「以前剛學量米和洗米時，都會掉米粒，資深師兄都會提醒，一粒米都不能浪費。」德澄師父因此養成珍惜食物的習慣。

這日，德澄師父準備煮一鍋糙米飯、三鍋胚芽米飯。「煮飯前，鍋底要先抹油，起鍋後比較好吃。」而油不需要抹平，在烹煮過程中就會均勻了，這是靜思精舍常住師父多年來的經驗。

糙米要依米的新鮮度決定水量，如何判別需仰賴經驗。德澄師父表示，最保險的作法，在輪到大寮執事前，跟上一輪的師兄先交接好，水量怎麼算，再依米量去調整柔軟度。

「米飯在春天和夏天的時候很容易酸掉，放點鹽巴較不容易變質。」這也是常住眾的經驗談，「也可以用檸檬汁，效果是一樣的。」

## 歷事練心，隨眾生心

當前置作業就緒，德澄師父準備點火，糙米飯因悶煮時間較長，要最先煮。靜思精舍煮飯用的是快速爐，點火時須保持安全距離，避免被火舌灼傷；若聽到轟轟轟的聲響，代表不正常，得先關火，重新點燃，「火焰是紅色，表示瓦斯充足；火呈現藍色，就是快沒瓦斯了。」

這日，德澄師父除了煮飯，還負責調理「調養餐」，供生病或體弱休養的僧眾食用。調養餐比煮大鍋飯更加繁複，米飯的軟度、食材的揀擇或需切碎，何時烹調保持熱度，便於入口消化吸收，每人所需皆不同，均需細心留意與耐心調理。

「煮飯也是處處學問多。」德澄師父出家前，對教育工作充滿熱忱；出家後則遵循僧團修行，如常輪執，該做的就做。「我還滿喜歡煮飯的，因為這一鍋飯令一百人吃得歡喜，可以跟大眾結個好緣。」

二〇一〇年出家的德澄師父，猶記得指導師德映師父的叮囑，承擔大寮執事需具足「三德六味」與「甘願發心」。他以洗菜為例，「就是不比較，不計較！人家請你多洗超過平常的菜量，如果以歡喜心做，很快就洗完，只是多花些時間。若不甘願地做，跟對方結下不善的緣，既沒有從中學習成長，也無法成就慧命。」

早期，靜思常住眾大都食糙米飯，白米飯則多留給吃不慣糙米的志工。糙米與白米熱量相近，有些僧眾喜食糙米飯，主因是維生素、礦物質、膳食纖維為白米飯的倍數；然而，有些常住眾需食白米飯，起於靜思家風「克勤」的精神，把握當下分秒的生活節奏，為讓腸胃較無負擔，故而食用白米飯。

後期，多了胚芽米飯，飯頭師依據不同需求，同時需煮三種米飯，有時調配與需求不符，一度有些苦惱。上人知曉後，請弟子嘗試將胚芽米與糙米混合著煮。「兩種米質不同，含水量也不同，該怎麼煮？」當時輪執飯頭的德勇師父憶起這段往事。

德勇師父想到《南海普陀山傳奇異聞錄》中，觀音菩薩化身飯頭師，煮了一鍋千僧飯予掛單的五百羅漢過堂午齋的故事。雖與胚芽米混煮糙米無關連，但德勇師父深感，這是上人在考驗弟子的智慧，藉由事相來修鍊自我。

常住眾集思廣義，「糙米較胚芽米的吸水量差，水量多些才會軟，所以先煮糙米。」糙米煮到一半時，再將胚芽米下鍋，用煎匙攪拌融合炊煮，結果成功了。

## 一念虔誠，處處用心

靜思精舍執事，每七天一輪。上一輪德法師父才交接，這一輪德澄師又準備交接了。大寮裡所有的鍋盆、廚具，必須清洗、擦拭乾淨，環境得大掃除，使其潔淨後，交接給下一批輪執者。「這是每一輪的例行工作。」德澄師父說。

明日換梯，這日準備接手輪執的常住眾已開始備料。大寮內一時人員增多，好不熱鬧。而明日十月十九日，農曆二十四，是靜思精舍發放日暨每月舉辦一次的「藥師法會」。

上週三晚，德瑋師父才與幾位師兄，向德曉師兄學習〈藥師贊〉唱誦，為了一個長音，反覆唱了又唱，調了又調。這日，則是輪執到香燈的德淵師父前來準備藥師法會的供菜。

供菜有十二道，每道以瓷碗盛裝，須以耐心、細心擺設。雖說是供佛，但跟一般家常餐桌上的菜色是一樣的。德淵師父解說：「我們注重的營養和色香味，供佛的也要一樣。」

這般色香味俱全的供菜，有黃椒與鷹嘴豆的黃、小黃瓜與絲瓜的綠、胡蘿蔔與番茄的紅、黑豆與茄子的黑。樣樣精切，但求厚薄相近，且片片完整。

一道一個顏色，一個顏色一個碗。德淵師父表示，排供菜是一人一道，排好一道，才能接續下一道。每道菜是用筷子以一片一片、一顆一顆，依序疊放入碗裡。

「再浮出碗面一些些」、「這碗再圓潤一點」、「還有這碗找大小顆一樣的去補上」……德淵師父耐心地指導初學者排供菜，如此精雕細琢，彷彿一朵花。

「真是處處見功夫。」初學者說。

「就是一念虔誠心。」德淵師父回道。

這日排供菜，從早上七點排了近一個小時，十二道供菜，細緻莊嚴地呈現眼前。九點多，香燈師前來取供菜，前往法會現場，虔誠供佛。德淵師父鬆了一口氣說：「今天佛菩薩一定很開心！」

是佛菩薩開心？亦或是供養者開心？一切唯心！

# 以喜心廣結善緣

**儘管終日在大寮裡，沒有與大眾直接互動，但堅持煮得讓人吃得飽、吃得歡喜，也是結一分好緣。即便吃的是蘿蔔乾，也讓人有回家的感覺。**

**——德和師父**

一九六四年十二月，證嚴上人帶著三、四位弟子來到普明寺借住，組成靜思僧團。儘管有的弟子在家時沒進過廚房，但都必須輪執大寮香積。「慈師父、融師父和恩師父都很會煮。」靜思精舍第七位出家的德和師父，一九七六年十二月到精舍常住時，年齡最小，領受過師兄們的手藝。在輪執多年後，隨著常住眾增長，慈濟醫院建造工程期間，參訪會眾與日俱增，他因而固定在香積執事，不再輪執，日後更成為大寮指導師父。

## 簡樸生活，任勞知足

早年，精舍早齋是四菜一湯，午齋是五菜一湯。菜色主要有豆料、帶點鹹的滷菜和配色菜，以及青菜。

菜園裡有什麼菜，就吃什麼菜。德和師父表示，每個季節種的菜都差不多，天天採同樣的菜，吃同樣的菜；早上用燙的，下午用炒的，晚上煮湯。「我們經常煮青菜湯，燙一個麵拌醬油，也非常好吃，人間美味！早期生活物資比較缺乏，不是醬油爆香，就是薑或辣椒。」

精舍平日裡齋食清簡，逢年過節菜色會多一些，也不過是長年菜、菜頭（蘿蔔）及筍干。「筍干耐煮；長年菜一個過年可以吃好幾天。」當今人們會覺得剩菜不要一直熬煮，德和師父卻懷念物資缺乏時期，加熱後的剩菜，好吃又甘甜！

「有得吃就不錯了！三餐都吃一樣的菜，也沒有營養不均衡。吃得下就有營養；吃不下，就算是人參也沒有用。」

德和師父初到精舍時，用餐桌數只有一桌，慢慢的才有兩桌。因用餐人數少，大寮香積只排一人，「一個人要去菜園摘菜、洗菜和切菜，然後煮菜。」

當年大寮用的是二尺一特大號的「大鼎（鍋）」，燒的是柴，火力全靠人工控制；一邊煮食，一邊顧柴火，考驗著香積的功夫。況且要炒、要滷，又要煮湯，都是同個鍋子；逢客人來訪，桌數增加，一鍋的量不夠得分批炒。在時間緊迫下，德和師父不免心急，但只要靜心專注，很清楚該做什麼。

曾經，德和師父煮好餐，天氣太熱先回寮房洗個臉，再回齋堂時，菜已被吃個精光。「我用菜湯拌一拌，兩碗飯吃下肚，還是非常好吃！」即使過了用餐時間，他亦可加點醬油、拌點湯，「吃得很飽、很自在！」德和師父說：「我沒有吃不下去的理由。因為把飯吃下去才有體力，才能繼續工作。」

精舍用齋桌數，從一桌、兩桌，及至桌數愈來愈多，齋堂空間不夠，就再加蓋。「所以，齋堂換過了好幾處。大概沒幾年，就因為用餐人數而改變。」

德和師父執掌大寮期間，用餐最多達一百多桌，齋堂空間不足，沒辦法「打桌」，就以自助餐方式，或以羹麵供眾。「煮一道羹，再煮些麵或一鍋飯拌著吃，大家也吃得津津有味。」

## 歡喜供眾，廣結好緣

相較於現今大寮執事，典座會事先開好菜單，再依菜單準備食材。德和師父表示，早期沒有開菜單這件事，菜園裡種什麼菜，就煮什麼菜；先拿個盤子掂量一桌的菜量，再推算一籃菜可以煮幾桌。

然而菜量的估算，還要視單炒或搭配其他食材，菜色配料不同，需求的菜量也不同。這些全是在做中學，學中覺，「所以智慧從經驗累積而來。親自動手做，並深入體會道理，就能拿捏其中的訣竅。」

還有，哪些食材不能久放，得先處理，「變化很大，因應能力要很快。」

德和師父提及，德照師父種菜非常拿手，曾經所種的白玉苦瓜，一收成便是二十幾籃，得想辦法如何料理。

德和師父煮苦瓜的訣竅是，有時用滷的，有時快炒，還有煮湯，「就是變化著用；同樣的食材，可以有不同的煮法，既可以儘早消化掉，也不會讓人覺得一直在吃苦瓜。」

花蓮慈濟醫院工程期間，很多參訪會眾大多在精舍用餐。德和師父表示，最直接廣結眾緣的就是飲食，「我們供眾的心很虔誠，大家吃得歡喜，就是我們最大的歡喜。」

他記起當年一些趣事，「那時大寮開放讓眾人參觀，有些會員看到菜色，以為我們吃得很好。其實，那是給會眾吃的。」

除了把最好的食材留給別人，常住師父有時連自己的飯也讓出來。每逢營隊、年節及周年慶，齋堂坐滿十方而來的志工與會眾，在供眾開動不久後，有志工拿著已空的飯鍋想再添飯；當備用的大飯鍋也罄盡，常住師父總二話不說，拿起自個兒桌上的飯鍋，便往志工手上遞去。

德和師父謹記，上人常叮嚀：「要讓人吃得夠、吃得飽。」儘管終日在大寮裡，沒有與大眾直接互動，但堅持煮得讓人吃得飽、吃得歡喜，也是結一分好緣。「有些人可能一輩子只有一次機會回來精舍，人說『誠意食水甜』，齋食雖不豐，即便吃的是蘿蔔乾，也讓人有回家的感覺。」

德和師父還憶起一段往事，「有次很多客人來訪，上人用完餐正要離開齋堂，見飯鍋裡的飯量很少，怕客人沒吃飽，提點了我：『要煮，就要歡喜一點，不要不情不願，不夠讓人家吃。』」

當下，他有點難過。「其實大家都盛過飯了，有的吃一碗、有的兩碗。」

事後他轉念，將難過化為改進的動力，一改往日做法；菜量不夠很快能補足，飯量一定要足夠。

「飯若不夠，再煮的時間比較長，會來不及，寧可剩飯；菜不夠，馬上找來花生或乾料補上，或快炒一道菜。」

上人曾教示，「大寮是最好修行的道場。」那次經歷，讓德和師父體悟破除「我相」、「執著」的真義，「大寮，真的是好修行的地方！」

**五千個便當，用心圓滿**

靜思精舍每個月兩次的活動——全省慈濟委員聯誼會和農曆二十四日的感恩戶發放，所需齋食都是大寮香積承擔。一九八九年九月十七日，慈濟護專創校開學典禮，齊聚兩萬多人觀禮，當天精舍常住眾需要準備五千個便當。

德和師父思考，「古早是梅花餐，一個便當配五樣菜。」儘管人力不足，資源有限，大家分工合作，「一組人炒香菇，一組人負責青菜，一組人炒素料，煮飯也專門一組。」

用完早齋後，大家各就各位，煮飯的人負責借來飯鍋，一字排開洗米，接著一鍋鍋地開火……德和師父回憶，「當時很壯觀，所有人都全心全力圓滿護專啟用典禮。」

圓滿之後，德和師父深悟，任何事只要用心投入，就能克服原以為不可能的事，「不要小看自己，人有無限的可能。」

日後，慈濟醫學院創校啟用時，證嚴上人慈勉不勞師動眾，當簡樸、低調，僅慈濟委員、慈誠共襄盛舉即可，簡化了大寮香積的工作。

二十八歲出家的德和師父，自承擔大寮執事至指導師父，約有二十年時間。二〇〇九年，他轉到香積飯包裝；二〇一六年，回頭支援慈濟五十周年慶期間的香積指導師父，復又回到香積飯包裝至今。而大寮指導師父現由德映師父承擔。

承擔指導師父多年，他卻道出：「會煮菜的不算厲害，會幫忙收拾、打點的，才是真功夫。當你煮好，他周邊也都收拾完善，最是令人讚歎！」

德和師父提及扮演「水腳仔（助手）」的真功夫，是看抹布，「拿起抹布便知道，這一輪的人是愛乾淨或鬆散的。」

一條抹布，道盡挑柴運水，無不是禪。端看這念心置於何方！

# 自他不二平等覺

**眾生平等！人與人之間，是心連心，你對他慈悲，他就對你慈悲，所以要以柔軟心、慈悲心待人。——德映師父**

這日，凌晨打板後，往大寮走去的，是大寮指導師父——德映師父，他準備炊芋仔粿作為上午的點心。

前晚，他找人協助先將新鮮的芋頭削皮、切丁。昨日，又接著將香菇切好加上菜脯（蘿蔔乾），炒香備著。

今晨，又找來德霈和德惟師父兩位助手協助炊「粿」，將芋頭丁先過油；同時請一位新人將二十包磨碎的在來米「米粉」剪開，倒入深底的大圓湯鍋中。靜默中，是陣陣飄香的芋頭味，遠處則傳來主堂早課的梵唄聲！

## 反覆磨礪，熟能生巧

接續，德映師父拿來一只水瓢指導新人，「等一下你來盛水，每瓢都要滿水。」新人盛了第一瓢，自認已滿水。德惟師父見狀，「沒有很滿哦！」緊接一瓢，新人盡最大的可能盛滿。如此動作，水溢了出來，溼了地板；再接一瓢，依然有漏。「真是處處見功夫啊！」新人差點沒滿頭大汗。

完成所需六瓢，新人趕緊找來拖把，將地板拖乾淨，把水瓢歸位。不一會兒，德映師父找起水瓢，新人快速將水瓢再拿來。「不能拿走，那是『應量器』。」德映師父說。

對於新人而言，那些器具看來都差不多。德映師父卻說：「其他的不是太大，就是太小，這個剛剛好。」

「怎麼分辨呢？」新人問。

「用久就知道了。」德映師父不加思索。

找回了應量器，「再加一瓢水，加鹽巴。」德映師父請另一位常住師父加入鹽巴。德映師父年近七十，承擔大寮指導師父多年，此時正需要助手，同來成就這日的大量點心。

米漿調味後，德霈和德惟兩位師父將過完油的芋頭丁撈起入盆，再一一分裝至平盤中；新人則拿起刮刀，將其均勻鋪平，再上推車。

德映師父再度拿起水瓢，指著米漿要加熱水，「要十九瓢。」這次由德惟師父執行。

「你要數哦！」德霈師父交代新人。新人不敢怠慢，大聲數著「一、二、三……」十九瓢完成後，德映師父嘗試鹹度，並調整到適合眾人的口味。在德映師父的指導下，德惟師父小心翼翼、一勺一勺地將米漿加入那些芋頭丁的平盤中；一旁的新人拿著大鍋鏟攪動桶裡的米漿，使其保持均勻。直到每一盤都倒入了米漿，再推入蒸箱，炊蒸。

「蒸好後，放上菜脯，再加醬料。」德映師父話起家常，「芋頭是鹹性的，含有氣，對牙齒很好！」

此時早課結束，早齋板聲起，德映師父催促大夥兒：「趕快去用餐。」

## 身雖病痛，不改其志

從小，德映師父就不愛吃肉，家人都喊她「呷菜仔」。長大後，十幾歲的她聽嬸嬸們說，屠牛殺生，牛死後的肉還會跳動；她心生悲憫，決定吃長齋。

後來母親往生，她一度心情低落，覺得生老病死，人生不過爾爾，萌生出家念頭。十八歲那年，因堂姊的因緣，跟著慈濟列車參訪靜思精舍，她因此思考著，「來這裡住看看。」

一九九二年九月，她成為靜思精舍常住的近住女。父親雖擔心女兒吃苦，但畢竟是個開明的人，並沒阻撓。

德映師父初到精舍，僧眾僅二十幾位，她跟著學做香積、做蠟燭、執香燈、出坡等。因人員少，工作頗為繁重。

「以前，種菜沒有耕耘機，都用鋤頭和鏟子來掘土、鬆土。」那時，德映師父學到最省力的鬆土方法，以腳踩將鏟子插入土裡，順勢掘起，土就鬆了；但種植菠菜，卻讓她找不到章法。「菜種子很微小，必須加些砂撒播才會均勻。」凡事須歷經學習，都是經驗的累積。

學種菜之外，典座執事更具挑戰性。輪執前，德映師父得空就先去請教和實作，「那時，有什麼菜就煮什麼。」輪執後，每十天一輪，同樣的菜也逐漸學會變化煮法。

當年，用餐人數十幾桌，大寮每輪兩人負責執事。三餐齋食，眾人以板聲為令；板聲一響，眾人遵循證嚴上人叮囑「萬緣放下」，便往齋堂行去。「煮飯、盛飯，又要炒菜、擦桌椅等，忙得很緊張！」德映師父憶及，唯恐誤了大眾用齋，連睡覺作夢都感受到壓力。

「如果有活動，三十幾桌也是兩個人承擔。有時其中一人剛在學習香積，有的只會煮飯，另外一人就要承擔較多工作。」那時，德映師父還不懂得請出坡的師兄弟來支援。

精神的壓力外，德映師父還有身體的疲乏，「炒了十天的大鍋菜，手都舉不起來。」除了手痛，還全身痠痛，甚至連起床都有困難。初期貼藥布還能止痛，後期手痛已無法根除，「若必須大力切菜，就開始痛了。」診斷結果是發炎。之前德映師父會去就醫，如今就去吊吊單槓，「吊個一分鐘就緩和了！」這手痛已跟了他十多年；身雖病，但心沒病。「這小病沒什麼大礙，只有痛時不舒服而已。」

德映師父了悟，修行得歷經考驗，幾分病是正常的。曾經一段時間，他因手痛無法輪執典座，「沒辦法掌廚時，就去拔草，或有空檔，就到衣坊間幫德佩師父做衣服。」

德映師父沒學過裁縫，但秉持「精舍裡無閒人」，無法輪執事，找個工作動動手、動動腦，亦是一種生活禪。

## 覺察轉念，慈悲等觀

德映師父初到精舍，因輪執事的勞累，曾萌生離去念頭。然而，他思忖既然要出家修行，總要嘗試忍耐。一年多後，「忍耐過去，就突破了。」於是決心留下來。

挺過磨難的德映師父，於一九九五年一月圓頂出家，法名悟懃，字德映。在輪執事十五年後，便跟著資深的德和師父承擔大寮執事。

大寮執事經常面臨變化。例如今日預定的桌數，隔天卻多出十桌；或原定的菜色，臨時因食材不能貯存，必須先煮，隨時都考驗著應接的能力。是時，大寮香積有五人，基本桌數已增至四、五十桌，便當數也增多了。「只要大家能合心，互助、補位，大寮執事就輕鬆多了。」德映師父表示，

「不要有『我』，就沒問題了。」

曾因大寮執事帶來的累與痛，德映師父總會多體諒別人。見有人搬重物，會提醒小心，不要一個人扛；沒辦法舀水，就用漏的，「若受傷，後續工作實在很麻煩。」

有時晚上得空，他會進大寮幫忙拖地板，「也是一種布施」。佛法云，「同體大悲，自他不二」，德映師父體悟自利利人，就從身邊的人做起。

人與人之間，雖因見解、經驗不同，致生摩擦，但他會努力排解；覺察力很重要，沒有覺察就無法轉念，「我們學佛，獲得佛法的滋養，將佛法融入生活，自然就能生起觀照，然後去除煩惱。」

他常勸解人要時時觀照，心轉，境便轉。「佛法講的，遇逆境時，要平常心對待；對己對人，要學習平等心。」

「平常心，做起來很不容易；平等心，要做到圓融也不容易。」然而，德映師父認定這就是生活的目標。「我們的言行舉止，都是心念的顯現，所以要常觀照。生活中無論投不投緣，都不要起分別！」「法無大小之別，能夠受用就是妙法。慈悲平等，恭敬一切，都是值得學習的妙法；就像佛菩薩與大地一樣。」證嚴上人的開示，德映師父曉悟大地的平等，能普載眾生，長養萬物，「人的心量，要學大地的厚道！」

## 修正習氣，以法增善

「證嚴上人的言行舉止，都充滿慈悲。」德映師父提及曾經夏季時節，眾人出坡一個小時就已汗流浹背，上人不捨弟子們在大熱天下拔草，屢次差隨師的弟子敦促大家回去。「叫了三次再不回去，他們會被上人罵。」眾人頂著大太陽出坡，全身是汗，有時上人會請德愷師父先燒個熱水，讓大家回來後可稍做盥洗。

不只是對人慈悲，上人對待動物也是如此。曾經，上人在會客室裡，室外竟出現一隻大蛇，眾人直呼德慈大師兄趕緊抓走牠，而擾動了上人。上人見狀，叮囑弟子們「給牠自由，不要驚動牠。」

佛經云，「財、色、名、食、睡，地獄五條根。」這五欲堪為世人的習氣與通病。德映師父自我觀照，財、色、名、食應是不貪著；唯有「睡」，是較為懈怠，「有時比較疲倦，沒有緩解，會想多睡一點。」

從上人食少、睡少的身教，他領悟到，吃多胃消耗能量就多，睡意便來襲；心若清淨，所需能量就少。因此，他在大寮執事期間，該吃時吃，不該吃時便不吃。

德映師父表示，「拜佛、念佛，是較粗相的精進；進一步地精進，是要改掉習氣。」妄想、分別、執著，是世人普遍的習氣；改掉習氣，即是「將你的身心靈昇華，以佛法來增善。」

生性較為內向的德映師父，不太與人互動。然而佛法主張的「中道」，和《論語》提倡透過「智仁勇」三種德性，在人群互動下，實踐和諧圓融的人我關係。他以此精進自勉，修行要在人群中磨鍊自我心性。

德映師父未學佛前，面對生死，內心總有股悲心生起，對人生感到消極，不快樂；學佛後才曉悟，「佛法能讓身心靈得到解脫、輕安。」他深感有佛法的滋潤，是特別珍貴。

「修行是自利利人，利人就是行菩薩道，要捨小身，宏大法。」雖然德映師父自感還未能宏揚大法，但靜思精舍就是他修行的道場。日常裡，生活態度要積極，六和合眾，力合同心，遇事盡力不去起心動念，謹記結好人緣。

「眾生平等！人與人之間，是心連心，你對他慈悲，他就對你慈悲，所以要以柔軟心、慈悲心待人。」這是德映師父修行的體會，以佛陀教法行菩薩道，一心一意跟隨上人學習，「用追趕的，跟著上人的腳步前行。」

# 事事用心利眾生

如果所做的每一件事都對人有益，則何處無不是佛法；若為天下眾生而忙，又何處不能安住！——德瑋師父

這日，來自十方的慈濟志工，回到靜思精舍尋根；午齋，大寮像置辦家宴般，端出一道荷葉蒸油飯，置於竹製的淺式蒸籠裡，圓圓滿滿，色澤亮閃而動人。

在眾人飽足走出齋堂後，副執事收菜組常住二眾，穿起圍裙，戴上手套、口罩與頭巾，手持刮刀，裝備齊全地進至齋堂，準備收菜！收菜，是把未食用完的菜餚收回，各色菜餚先分開，同色菜餚再集中，以珍惜食物再利用。此道程序需快狠準，以利後續洗碗組能順暢接軌。

經炊蒸後的荷葉與油飯，兩相和合，緊密相連；收菜組用盡刮刀、湯匙、筷子等器具，刮了油飯，破了荷葉，兩者依舊難分難離……

因費時費力，有常住眾見狀，主動加入幫忙，眾人想方設法，為使荷葉與油飯盡快分離。儘管消解不易，眾人依然埋頭一個接著一個處理。

突然間，一旁的大寮窗口德瑋師父發出聲：「不用刮了，把荷葉集中用煮的。」他接到問題反映，想到了辦法。此時眾人都鬆了口氣，放下手上的器具，把飯粒刮不乾淨的荷葉集中一起，收進大寮，便各自午歇去。

## 體驗無常，精進修行

德瑋師父會承擔大寮窗口，乃因前任窗口的師兄健康不佳，而找他來幫忙；他二話不說就承接了。德瑋師父認為，精舍或慈濟的事，從未有自己的想法，「我算是配合單位。」

事實上，德瑋師父不是個沒有想法的人，二〇一五年才圓頂出家，戒臘尚淺，卻勇於承擔大寮窗口，背後有著一段心路歷程。

德瑋師父未出家前，俗家經營家族企業，是連鎖式的小木生意。她負責展店，對外與業務推展駕輕就熟，常是出差行程滿滿。

當時已是慈濟委員的她，自認很愛錢，一年到頭可以全年無休地賺錢。一次擔任醫療志工服務，讓她對生死的無常觀恍然醒悟，「顛覆了我過去對生死這件事的看法。」

「錢財，是父母教我賺的。」生命無常是證嚴上人教導的，「是從醫院裡體會到的。」德瑋師父說：「有的人，今天去探望還好好的；隔天再去，人卻往生了……」

那一刻起，德瑋師父體會到生命中似乎沒什麼大不了的事，「明天會不會到來，誰能預知？」於是她慢慢地把家族事業放下。

德瑋師父在醫院裡體悟到的無常觀，令她想常住大林慈院醫療志工，並就近照顧父母。不意，另一場更震撼的無常，促使她決心到花蓮靜思精舍跟隨證嚴上人修行。

「一位三十幾歲的師姊是醫院的同仁，長得莊嚴，身體健康，很有理想抱負，想有更好的發展，為家人多付出些。」前一天這位師姊還和德瑋師父交談，翌日早晨她開車要帶父母去吃早餐，卻趴在方向盤上，只說了聲身體不舒服……

「大林慈院就在前方不遠處，但就是救不回來。」還未知病患是這位師姊的德瑋師父，帶著志工前往關懷，只見醫師對她的父母說：「不要再搶救了，電擊只是讓她更加痛苦。」

當下，德瑋師父不知該如何安慰，眼見師姊的父母哭倒在地，她內心相當不捨，也難以接受，「昨天我們還在聊天，今天早上人卻不在了。」德瑋師父深感生與死一線間，彷彿演戲一樣。「這段經歷深深影響了我；誠如上人說的，明天先到還是無常先到？沒有人知道。」她靜心思惟，如果這件事發生在自己身上，「我還有什麼遺憾，沒有去做的？」思前想後，她有了答案，「回精舍跟上人修行，這件事一直提醒著我。」其實在這之前，德瑋師父對於回精舍修行，或是常住大林醫療志工，內心常兩相交戰。而這段無常的歷程，促成她下定決心，走向出家之路。

## 以事顯理，以理行事

二〇〇八年來到靜思精舍的德瑋師父，雖想出家，無奈父親不答應，於是先加入清修士，承擔靜思人文志業的工作。過去在家族企業的經歷，讓她一展所長，也走向展店的旅程。

「一樣要展店，一樣每天要算帳、盤點、面對客人……」初時，「為了靜思精舍」這理念，還能支撐她走下去；後來，「一年大概兩百天我都在外出差，回來沒幾天，遇到哪個點有問題，又背著行李出門了。」

德瑋師父常常早上起床時，一時會不知身在哪個靜思堂的寮房。而後，兩年期間待在中國大陸負責展店，卻很失落，「我哪是回精舍修行啊？」一次，聽聞證嚴上人說，「人能弘道，非道弘人」。她並非不明白「靜思志業」也是弘法利生的管道；然時間久了，內心總有些遺憾和失落感。一回，靜思人文受邀參加海外佛事展，辦得非常成功，上了當地新聞頭條，也大大地菩薩招生了。向證嚴上人彙報時，德瑋師父心裡卻想著：「上人可不可以幫我換個工作啊？」一陣天人交戰。

一天，德瑋師父跟著志工孫淑妙參與一場告別式，受贈了一本書。回到寮房後，她翻閱到其中一則故事：

有座道場的一位僧侶，擔任財務出納執事三十年了。一日，他請求師父希望能換個工作。

師父回問弟子：「你在精舍這麼多年，做這件事情是為誰？」弟子不假思索：「當然是為了整個精舍，整個佛教的發展。精舍的根基穩固了，才能弘法利生啊！」

「精舍的所有工作，哪一件不是為了弘法利生？你再挑別的工作，不也是一樣嗎？」師父一記當頭棒喝，弟子頓然開悟。

德瑋師父讀到此，也開了心門，「在精舍做任何事情，不要受限於形式上的（事相），而目標與宗旨並沒有改變（實相）。」

她思及上人是「為佛教為眾生」，而自己在精舍所做的每件事，何嘗不是為佛教為眾生，「那做什麼事情，不都一樣嗎？」

**力行體證，心生感恩**

「我在精舍的生活，就是活在當下；每一天都當作是最後一天，所以今天能做的，就把今天的事情都做了。明天的事，明天再說。」

因為對無常的醒悟，因為做任何事都一樣，德瑋師父沒要求換工作。然而，對出家仍有些執著。

父親不捨，她不強求。一次出差，自海外要返國，父親知道此事，但不知哪個航班。當時電視新聞正報導一架飛機失事了，父親急如鍋上的螞蟻。後來得知女兒沒搭這班飛機，驚魂甫定的父親轉而問了另一個女兒，「有什麼辦法，不讓你姊姊這樣飛來飛去的？」

「待在精舍啊，出家後就不能到處跑，就不會飛來飛去了。」妹妹說。

「跟你姊姊說，她可以出家了。」

當時有心於靜思精舍出家者，需先跟著輪流執事、學習。成為近住女的德瑋師父，因此換了工作，轉調至出坡組。

「出坡是一件好事。」德瑋師父道出了出坡後的體悟，並坦然面對自己，「以前常對人講『感恩！感恩！』但都不是真誠心。」

「自從出坡後，看到那條巷道怎麼那麼乾淨，這背後要流多少汗？走在那條路上，看到草皮如此的美，這背後得挖上半天的草。那種感受跟以前完全不一樣，我所有的感恩心都出來了。」

「以前我只看到事物的表面，沒看到用心付出的背後，所以沒有那分感動。」德瑋師父深感唯有身體力行，才會「走到這裡也感動，走到那裡也感動。」

一次證嚴上人關懷近住女，「精舍這麼辛苦，有什麼感想？」德瑋師父回應在精舍出坡，培養最多的是感恩心；人生的視野，都跟以前不同了。

## 改善大寮，服務大眾

德瑋師父歷經輾轉的旅程，終於如願以償，於二〇一五年十月圓頂出家，法名悟瑋，字德瑋。

因為僧團的需要，他二話不說接手大寮窗口，在德映師父指導下，學習曾未接觸的領域，「剛接手時，也不知道要做什麼？」德瑋師父說。

如何找到自我定位？德瑋師父解析「窗口」，首先是無論誰上門，有什麼需要，或者有何問題，都可以向窗口反映。

其次，以前輪執大寮時，曾有些想法：如今身為窗口，要有撐起全場的勇氣，將環境基礎打好、規劃好，任誰來執事都能把事情承擔下來。

「窗口的工作，是以服務為目的。期許自己是服務志工、服務精舍常住眾。」他起先尋求指導師父的認同，花了半年時間，順著眾人的適應度，做了精實管理；二則，照顧輪執大寮師兄弟們的健康。

「輪執大寮很累。煮菜的人須忍受五、六十度的高溫，而冷凍庫卻很冷，臨時要拿食材，進入零下十八度的低溫，容易使人感冒。」德瑋師父說。

因此，他期待創造更好的環境，讓輪執大寮者能較輕鬆些，「需要什麼，不用進冷凍庫，由我把食材準備好。」雖然不可能人人都不進冷凍庫，但至少能減少待在裡面的時間。

進而，食材先進先出，但求物盡其用，減少浪費與損耗，「師兄師姊都很熱情，會寄東西來，有些要先用掉。」

此外，他還承擔製作點心。對於精舍的出家眾，一簞食、一瓢飲，不忮不求；然而，對於前來出坡、短期精進的志工，早齋僅食饅頭與粥漿，很難撐到午齋時刻。於是上午九時三十分的點心時間，一道炒麵、一些羹湯，或是甜品等，都能暖胃、暖心。

「我有時也備料，或是切菜……總之，就是服務大眾。」德瑋師父說。

**受助之恩，感恩以報**

靜思僧團秉持「自力耕生」、「不接受供養」原則。然而遍及十方的志工弟子回來尋根，或是短期精進、出坡，所有用度，看在志工眼裡都是大量；不少志工會默默地把東西託運到精舍，有時令常住眾難以婉拒。

「上人也常說，『要還我清白啊！』上人希望清清白白的，不接受供養；

可東西載來了，請司機再運回去，很難開得了口。」德瑋師父提及，曾經一位九十幾歲的阿嬤，寄了十條絲瓜，來電說是自己種的，請常住師父一定要收下。

「我說阿嬤，您寄來的那十條菜瓜運費兩百元，如果去市場買才一百元，這樣不划算啦！上人說，要減少碳足跡！」德瑋師父試著說理。

「錢對我不重要，我是要供養師父上人……」阿嬤說。

「上人也吃不了那麼多……」然而，德瑋師父明白九十幾歲的阿嬤有那分心、那分願，還能如何去說理，「東西都寄來了。」

還有一次，逢農曆七月十五，一位會眾要供僧，選擇了靜思精舍。打了十幾通電話到總機，回以不接受供養，請他把菜賣了，再將所得捐出去，可以救濟更多眾生，上人會更高興。那人聽不了，一定要找德瑋師父。

「總機師父非常困擾，我只好接了。」那位會眾曾是慈濟的感恩戶，因為慈濟的照顧，讓他可以自力更生，開了一座小農場，有感欠精舍一分情，所以要把種的菜送來，他才能心安。

「他說一定要讓他送一次，給上人和常住師父吃。」德瑋師父感受到他誠心要供僧，為滿他的願，也只能接下；但千叮嚀、萬囑咐，「僅此一次，下不為例。」後來那些菜不全是上人或常住師父食用，那陣子來靜思精舍的大眾也都吃到了！

## 入群處眾，處處是道

德瑋師父自出家後，不用再出差，終日在靜思精舍山門內生活，白天工作結束，晚上回到寮房。他認為，在小家庭頂多十幾個人住一起，靜思僧團是兩百多位出家眾，入群處眾的考驗更大。

「修行道場，很多事看似合理又不合理……」其中也無所解，或難解。一次，德悅師父對他說：「師父也是人啊，都是來這裡修行的，不是每個人都一百分才來的。」

「對啊，不是每個人都一百分才來的。」若再加上會眾及全球的志工，所接觸的人事物，不比在精舍外面少，「這些都是功課，要修的太多了！」德瑋師父深知修行的殷切。

曾有人論及，是不是到社區做關懷，幫忙感恩戶，才算入群處眾，渡化人間。誠如又回到書裡的那則故事，「做什麼事都一樣。」德瑋師父說，在大寮執事，要讓大眾吃得歡喜、開心，也不容易，「那也是利益眾生。」「如果所做的每一件事都對人有益，則何處無不是佛法。」德瑋師父深切了悟。

日後因緣流轉，承擔大寮窗口三年的德瑋師父，又隨著僧團所需轉回靜思人文志業。然而累積的歷練，心境已大不同的他，不再被事相所困；該做事時做事，該吃飯時吃飯，若為天下眾生而忙，又何處不能安住！

# 晨光

環環相扣

合和互協

# 副執事

**在靜思精舍的日常中，有別於大寮組、洗菜、做蠟燭、烘豆子、爆粉、出坡等正執事，每天以一段時間來勞作，其餘則做自己的工作，稱為副執事。**

早課和晨語講經結束，維那聲起，證嚴上人起身離座，眾人長跪唱誦〈回向偈〉；是時，大寮、齋堂內的揚聲器響起……

香積聞聲，加緊腳步把最後要上的菜，盤整上推車；副執事行堂組快速將之推至齋堂的後方，這些是餐桌上以外備用的齋食，讓眾人可自由添用。

〈回向偈〉聲聲響在耳畔：

**願消三障諸煩惱，願得智慧真明了；**

**普願業障悉消除，世世常行菩薩道。**

主堂內，眾人唱誦完畢，禮佛三拜後，起身依序出班。天光已現，白晝取代黑夜，晨光迎來板聲作響！

**若人欲了知，三世一切佛，佛佛佛——佛！**

眾人卸下袈裟、海青，聞板聲往齋堂行去。行進間，副執事行堂組把握最後分秒，把小湯鍋、湯瓢與筷子，放置於後方備餐區，此時早齋齊備。大眾進入齋堂前一刻，行堂組快速退出齋堂，到作業區卸下圍裙、口罩及頭巾，整好衣容後，再度進入齋堂，加入早齋行列。

是時，清晨六時。

## 環環相扣，合和互協

靜思精舍用齋時刻，總是靜默無聲，食不語。古有明訓：「用齋時，不可散心雜話，需心存五觀。」日常中以此心用餐，易生起感恩之心，「一粥一飯，當思來處不易；半絲半縷，恆念物力維艱。」

靜默中，有一組人員速速用齋，結齋後快速洗好自己的碗，再趕至收菜區，拾起圍裙、口罩與頭巾，取來湯鍋、湯瓢、餐盤及刮刀，準備收菜；再有另一組人用完齋後，集聚在齋堂外的洗碗區，準備洗碗。

靜思精舍大眾飲食，基於公眾衛生，採用公筷與母匙，也利於回收。為珍惜食物，沒用完的飯與菜會集中、收好，除了讓在執事線上來不及用餐的人食用，或留待下一餐，由大寮香積再做變化，重現色香味俱全的菜餚！

收菜與洗碗，均由副執事承擔。收菜組中，幾人把各桌未食用完的菜餚收到收菜區；幾人端來水盆、抹布，將餐桌一一擦拭乾淨。收菜區裡，幾人把收回的菜餚分類，再集中進湯鍋或餐盤，接著用刮刀將每個鍋盤上的油醬刮淨，不浪費一分一毫，且易於洗滌。而刮好的鍋盤及湯匙、筷子等，則交予洗碗組清洗。

洗碗組緊接著一關接一關地洗滌，復將洗好的碗盤、鍋盆等送回大寮。從齋堂到齋堂後方，從齋堂後方到洗碗區，再從洗碗區到大寮，人影鑽動，快速忙碌卻進出有序。

如此一環接一環，一關扣一關，前面作業未了，後面作業難能收尾，彼此合和互協，才能順利完成！

## 觀察學習，用心當下

早期靜思精舍，用齋人數不多，由承擔大寮者打飯，用碗統一集中洗滌，訪客用碗也是。後期，常住眾漸增，加上志工安單或前來尋根，用齋量與日俱增，因此常住眾個人用碗改由自行洗滌，並鼓勵志工自備環保餐具，方使常住眾的洗碗工作得以減輕負擔。

早期的副執事工作，「收菜」是固定班底，另有「洗早齋的碗」、「洗午齋的碗」及「洗晚間藥石的碗」，加上「行堂」與「煮碗」等五項執事，區分五個組，一組七人，循環輪執。早齋行堂與晚間洗碗，有醫療志工排班協助。

之後，出家眾又增長，並有清修士新血輪的加入，副執事遂改由常住師父與清修士共融的「知足」、「感恩」、「善解」、「包容」四大組，每組均有一位合心關懷師父，佐以一位執行窗口的班長師父，以「早、午齋收菜」、「早齋洗碗加烘碗」、「午齋洗碗加人文館打掃」，以及「早行堂加晚間藥石收菜、洗碗」等輪執。

平日，精舍用餐桌數五十幾桌；日後因短期出坡志工增多，光早齋有時可上至一百桌；他日又逢營隊活動、農曆過年或慈濟周年慶，可達三百桌以上。隨著桌數增多，副執事各組常需相互支援，加上常住眾和志工的投入與補位，才使各項副執事能順利進行與收場。

有位清修士覺得洗碗也蘊藏著智慧，「第一關是洗泡泡，為了讓後面比較好清洗，需過兩關的清水，最後一關旁要有人接盤。」年輕的她表示，這些看似簡單的洗滌過程，每一關都是學習與收穫，值得好好觀察和用心在每個當下。

「晚上洗碗，有時人力較不足，我就好像影分身，一個人要走好幾關，從泡泡洗完後自己過水，又清洗兩道再放盤子。後來有了醫療志工的幫忙，晚上洗碗容易多了。」她想起往事，仍覺有趣。

## 靜定生慧，轉識成智

副執事將「碗」洗好後，碗盤擺放均有順序，這位清修士深感其中有很多「鋩角（事物細小且緊要的部分）」，洗公盤的手套，不能用來洗私盤；洗私碗的菜瓜布，也不能用來洗公盤，這都是為了管控好公眾衛生。「每件東西都有固定位置，不熟洗碗作業的人，可以多請教。」

副執事的工作細節很多，她從中學到「安靜的力量」。「因為快速洗盤子的過程，擺放盤子不免很大聲。」有次她觀察到，一位常住師父擺放盤子總是很輕，是如何做到的？

「我們都以為碗盤要輕輕放，其實得用心又很有力道的放下來；『靜』的功夫非常重要，耳根和眼根都要用心，保持清淨才能看見事物的細節，聆聽聲音的細微處，感受才會愈深。」常住師父說。

她再次請教師父：「什麼是多用心？」她常有感自己很用心，但還是不順心。

常住師父以洗碗盆為例，回問她：「這兩個盆子要怎麼堆疊擺放？」

「有管子的要放在下面。」清修士說。

「對，道理是什麼？若常常把有管子的盆子放上面，壓到就會容易壞。」常住師父進一步解釋，上人說「多用心」的「心」是「理」的意思，要用「靜」的功夫去體察道理，然後去做。她進而理解，「如果我用的是充滿習氣的心，就無法把事情確實做好。」

而副執事的工作，還讓她學會「再會」。「有時人事異動，原本習慣同一組的師父分到不同組，我會有點感傷，因為已經有默契了。」她後來明白無須感傷，只要她有空就去其他組幫忙，還是可以見到這些師父，「讓無明煩惱不見，再重現的是智慧。」

證嚴上人晨語曾開示，「修行就是要修在不曾有過，不經一事，不長一智。」她舉例，有次去大寮洗鍋子，才知熱鍋要用冷水慢慢洗、慢慢刷，「這些都必須親自去做，才能真正體會。」

她很喜歡上人說的一段話，「今天聽的，我們轉識成智，讓明天的我們更加成熟。」她了悟，「上人教導要不怕辛苦，把握當下，每一件事情的到來，都是讓我們學習和體會，進而通達世間的事理，這就是智慧。」

（部分資料來源：「大愛行」網頁）

# 洗碗

**為增進工作效率與惜福惜緣，像洗碗這般節水惜物的生活哲學，每天都在靜思精舍的日常裡，持續創意與落實著。**

洗碗，在靜思精舍屬副執事的工作。洗的不只有碗與盤子，也包括筷子、湯匙及各式鍋碗瓢盆等，統稱為「洗碗」。

鍋碗瓢盆是指公盤與湯鍋等公用廚具。湯鍋有各種大小、材質不同的鍋具；湯瓢有大小不等的用途；盤子也有大小、形狀與材質的不同，及盛裝水果的美耐盤等。

每日三餐的飲食，是維繫人體機能的基本要素，而盛裝食物的器皿，卻有如此之多。人身於物累的牽絆，其「重」何以言說！

二〇一九年三月加入清修士的她，是在精舍學習洗碗後，才確實感受「心無二用」的境地。想起當年證嚴上人在小木屋修行，禮拜《法華經》，體悟到靜寂清澄的境界，也是否同樣的情景？

那感受彷彿一切歸於寂靜之中。她手劃著水，拿過盤子，反覆著洗、抹，遞出去，只有眼前的盆，盆裡的盤，及那一泓清水與劃過的水流……

她不去看有多少盤子要洗，要怎麼洗也不去想；一心只有「洗就對了！」彷如進入真空狀態，隨緣輕安的境界裡。忘了齋堂、忘了周遭，更忘了那一絲絲可能閃進腦海的念頭。

猶記得證嚴上人發願出家時，曾在臺中豐原慈雲寺掛單，跟著常住出坡農作，下田拏草（**註**）時，見大片的水田，心先涼了一半。儘管勞苦也不退轉，上人從身邊的草開始，一跪一步，不去管眼前還有多少水田、多少草要拏，心裡默念著「四書」裡的文句，直到書背完了，大片水田的草也拏完了。

「千里之行，始於足下！」當她專注當下，不去妄想與煩惱，不知不覺地就把「碗」洗完了。她體會到面對挑戰時，該讓自己放空，將心靜下來，不去多想，做就對了！事情總會有解決時。

**不論多寡，洗淨流暢**

坐落於花蓮縣新城鄉的靜思精舍，自一九六九年五月落成啟用，出家眾從最初幾人，隨順因緣逐年增加，至二〇二四年已有兩百多人。

證嚴上人所創建的「佛教克難慈濟功德會」，是以靜思精舍為基點，展開社會救助的慈善工作。繼之的醫療志業，有一批批的志工輪值守護醫護人員與病者之間，進行醫療以外的關懷服務，為病人拔除心靈苦痛。

來自全臺（有時全球）各地的志工，一批批地輪替，每梯四至五日於花蓮慈濟醫院的服務，安單之處即在靜思精舍。因此精舍每日用餐人數，除了常住眾，還得加上志工，可超過三百人。

靜思僧團向來自給自足，生活簡樸，食的方面也崇尚簡單自然。一桌通常十個人，會有四菜；早齋是一粥，中餐是一湯和水果；晚上，醫療志工約十幾桌合菜，常住眾則依各自需要，自由藥石。

簡單的四菜少有繁複的加油添醋，配料也不多，典座總是用心呈現色香味俱全的菜餚；簡單自然中，不失食的禮節。四菜用的是潔白橢圓瓷盤，一湯是用鋁製湯鍋盛裝，加上一支湯瓢，放置於菜盤圈圍的中間。

米飯是用鐵條箍緊的小型木桶，內加鋁製鍋來盛飯，與菜盤圍成一個圓。古色古香的飯鍋旁，是白色美耐盤盛裝的水果，有時橢圓，有時圓形。

每桌的盤與盤間，會擺上適量的公筷母匙，以顧及公眾衛生。為惜福大自然所賜予的食物，桌上會放置一小壺開水，便於眾人餐後，可注入些許開水，過一過碗裡的菜渣、油醬，一飲而下。

四菜一湯、一飯一水果，加上一壺水，簡樸的用心下，有一分莊嚴和感恩的用餐氛圍。而四菜一湯乘上三百多人，再除以每桌十人的數量，是輪執副執事者要洗的鍋碗瓢盆的數量，如何有效率地在時間內洗完，成了一門大學問。

## 調整差錯，提起放下

初到精舍生活時，她有點不解，為何凡事總是快、快、快！如此快速的意義何在？日後，她逐漸明白，這是個共修的道場，看似微不足道的事，卻彼此環環相扣；一個人的舉動，都會牽動整個群體。

就如洗碗這執事，需等收菜組收好菜，將鍋盤裡的油漬刮淨，再送到水槽邊，方能啟動洗碗作業。碗沒洗完，就不能休息。在每個人同等有限的時間下，必須有效率地執行；否則苦了自己，也苦了他人，而且有損道糧。

靜思精舍三餐齋食，由那些不同器皿組合起來的「碗」，並非全部把它們投入水槽，用菜瓜布蘸點洗碗精，洗滌乾淨即可。注重節水與衛生管控的副執事組，必須將公盤與私碗分開來洗。

所謂私碗，是指提供來精舍參訪，沒帶環保餐具的人使用，包括一個瓷碗、一雙筷子與一個瓷碟。雖是個人使用，仍需收回，清洗、消毒後再循環使用。

公盤是指盛菜的盤和盛湯的鍋，夾菜用的公筷與舀湯的母匙等，不為個人所用，需集中一處洗滌；由木桶與鋁鍋所組的飯鍋，也屬公物類，因體積較大，故被分離出來，於另一處清洗。

舊齋堂裡，長長的水槽，洗公盤用的是一個有口與一個沒口的大盆子，外加兩個中型盆子，依序放在水槽最左邊；洗私碗則用一個有口的中型盆子，外加兩個沒口的盆子，放到水槽中間帶；洗飯鍋是用一個有口加上一個沒口的中型盆子，再一個托盤和一個大型的不鏽鋼架，放到水槽最右端。

如此大大小小、有口沒口、顏色不同的盆子，加上托盤與托架，洗了十幾年碗的德偕師父，解說時不拖泥帶水，動作迅速確實。

生手如她，雖在家時專責洗碗，此刻要洗精舍的「碗」，不免也看的眼花撩亂，一時也記不住；待翌日晚間藥石，準備前置作業時，已盆不是盆，位不是位了。

「不經一事，不長一智」，凡事必須歷經磨鍊，方熟能生巧。「天道酬勤」，她自勉事事勤快些，每到洗碗時刻，主動先做好準備。

未熟悉作業前，難免出差錯，德偺師父對此總是一笑置之。那笑藏著「你這樣子不對或太慢了」、「程序要對」的涵義；然而也含藏著平和、慈順，彷彿在告訴她，「錯了，沒關係，趕緊再調整就好。」

一個短暫無聲的笑，像顆定心丸，嚴謹中有和藹的善解與包容，讓她知錯卻有勇氣去面對與改過。於是她明了只要謹記錯誤的所在，從中學習再站起來，那麼一切都能提得起、放得下，輕安而自在！

任何細微的思惟與動作，都關係著一件事的成效；只要能善加應用與調整，何嘗不是正向的助益！

## 生活創意，惜水惜物

證嚴上人常云「做中學」。若懂得道理，卻不去實踐和體會，就像是「說食不飽」；修行必須在日常生活中腳踏實地去落實，從中體證道理。而上人也常云：「習慣，會變成習性。」在日常生活中養成好的習慣，就會有好的習性。

洗碗雖談不上習性，但勤於練習，反覆地做，也就養成習慣。習慣了，便熟能生巧，出錯就減少了。

靜思家風一向克己、克勤、克儉、克難，凡事講求惜福和惜緣。洗碗這等大量用水的事，為節水考量，無論是公盤、飯鍋及私碗等洗滌，最後一道清水的盆子上都會鑿個洞，嵌入一條塑膠管，架在倒數第二關的盆子上。水量大時，可透過管子引流到另一個盆裡，用以清洗沾有泡泡的盤子。及至清洗作業結束，最後一道較清淨的水，會繼續用來沖洗泡泡盆、水槽及抹布之類的物品。

靜思精舍裡，為增進工作效率與生活機能，突發奇想或另類思惟，所創意DIY的工具還不少。例如原先備有的防水圍裙，經快速地洗好碗後，依然會弄溼衣服或鞋襪；尤其是生手，常是腰腹到腳，無一倖免。為此德偕師父常思考解決的辦法；找來有點厚度的透明塑膠布，剪裁縫製、修修改改，前後做了七個版本的防水圍兜，版式方才落定。

防水圍兜是採用廢棄的回收資源，沒有花費半毛錢；有絕緣橡膠包裹的電線，有綑紮包裝用的打包帶，裁成適當的長度，鑲在圍兜的上半部，構成支撐的點，以及兩邊繫在腰間的碎布帶子。這件物廢歸源又復生的防水圍兜，德偕師父笑稱，「它是鐵甲武士。」儘管樣式拙樸，然洗碗時能有效防護衣服不被水弄溼。

早期在精舍裡洗碗，是使用市面上賣的平板菜瓜布，在洗公盤或私碗時容易混用。除了衛生堪虞，要使用時經常不翼而飛。

為了大眾健康，也為公私分明，具裁縫背景的常住志工胡淑照，集眾人使用的建議與不斷發想，經多次的改良，車縫出拇指與其他四指分開的「手套型」菜瓜布。以粗質菜瓜布為面，適於搓洗；輕質大網狀紗布為背，增加透氣性；具彈性又不易脫落的套口，適用於任何尺寸的手掌。

於此，無論是大盆小盆，或DIY簡易引流的塑膠管、防水圍兜、手套型菜瓜布等，都可見舊時生活的古樸風情。而這般惜水惜物的生活哲學，每天都在靜思精舍的日常裡，持續創意與落實著。

註：涬草，即是將雜草連根拔起，再塞回土中，成為肥料一部分。

# 行堂

**佛門過堂用齋時，為了讓大眾好用功，一律止語、不離座，不散心雜話。有人為大眾服務添飯菜及用齋時加菜、湯等執事，稱為行堂。**

靜思僧團中的「洗碗」執事，豈止是鍋碗瓢盆等清洗工作，是包括「洗早齋、午齋的碗」加「洗晚上藥石的碗」，再加「行堂」及「煮碗」等五個項目的總合名稱。

洗早齋、午齋與藥石的碗，大致無差別，僅是時段的不同；「行堂」則大大的不同。佛門叢林裡，行堂是齋堂裡負責服務大眾用齋的執事。副執事洗碗組也須輪執早齋的行堂，進行添飯（含稀飯）、上菜與添茶水的工作。

早齋行堂是在敲板起床、梳洗後，當大眾往大殿做早課時，行堂人員則往齋堂而去。天還未亮，萬籟寂靜，大寮裡已展開煎、煮、炒、炸等香積作業，而大殿裡也透出喚醒眾生的梵唄聲。

行堂人員進入齋堂，首先是打好三小盆的溫熱水，將餐桌擦拭乾淨。由於有醫療志工在靜思精舍安單，擦拭餐桌等工作，大多由志工協助承擔。這時行堂人員除了解當日早齋桌數外，也經由請教典座師每桌需幾「根」湯匙而得知菜色，並減去不必要的公筷使用。所以公筷母匙的擺置，也是行堂的工作之一。

行堂是在洗過十天藥石的碗，再洗了十天早齋的碗後，才會輪到的執事；行堂過後，接著洗午齋的碗，最後是煮碗。如此在三餐中間穿插，就不會使雙手一直處在「泡水」的狀態。

行堂無須像洗碗執事得全組總動員，七個成員兩兩一組，每三天輪替，直到十天執事完畢；沒輪到的則正常去做早課。

## 打飯也考驗用心

公筷母匙擺好後，接續準備「飯鍋」與「湯鍋」。早期精舍使用的飯鍋是直接盛入木桶裡，齋後殘留的米粒會緊黏著鍋緣而不易清洗；日後才加了個內鍋，便於清洗。飯鍋以鋁鍋為內、木桶為外，再加一個木蓋，上置一支飯匙。

木桶有兩條鋁環箍緊，彷彿古老的橡木桶般，將飯盛裝其中，便能沾染木桶的香氣，讓米飯變得好吃。

鋁鍋與木桶為分開置放，行堂人員依桌數將數量備齊，再用熱開水燙過，以確保用餐「品質」的無虞。燙好的鋁鍋與木桶，像疊羅漢般排在工作檯上，一排十五個。

飯鍋備妥後，會有一段等待米飯煮熟的時間，再於清晨五點十分、早課「三皈依」後進行打飯。

打飯前，需請教負責「飯頭」的師父，哪鍋是白飯，哪鍋是糙米飯，哪鍋可以先盛，哪鍋還未完熟得再等候。而行堂人員也一併把剩飯量列入，與飯頭師討論後，便開始打飯。

首先盛的是剩飯，全部添給常住眾，不給志工。這是基於誠意與克己復禮，「己所不欲，勿施於人」，品質較差的留著自用，較好的呈給客人。剩飯的盛裝只是暖身，當天煮好的飯才是忙碌打飯的開始。剛煮好的一鍋飯六公斤重，配上沉甸甸的外鍋，起鍋時必須兩個人抬，方能順利送上工作檯。

當鍋蓋掀起，蒸騰的熱氣下，平鋪於鍋面是粒粒飽滿分明，看來香醇可口的米飯；水量恰到好處，有增一分則太軟，減一分則太硬的感覺。

打飯要乘熱，行堂人員拿起飯匙，抱起飯鍋，一鏟一鏟地直到鍋裡的飯量足了，蓋上木蓋，交由志工送上桌。由於米飯分為白飯與糙米飯，行堂人員得留意飯鍋必須準確送到該送的餐桌上；白飯是給習慣吃白米的志工們，男眾餐桌要多添一點，女眾餐桌相對少一點。

白飯盛完，略帶米糠色的糙米飯後續上場，為精舍常住眾所用，包括上人桌、常住師父桌及阿嬤桌，都是添上糙米飯。上人桌的糙米飯，得盛自中間，軟硬適中的那一層；年紀較長的阿嬤桌，則要底層較軟的部分。

上人桌的飯量得是滿的，以備有同來早齋的客人能夠充分地享用。而上人桌距大寮較遠，為免飯量不足時，來不及補上，故圍繞上人桌的那些常住師父桌，飯量也需是滿的，以備即時添補。

為顧及志工平時早餐可能用不慣乾飯，除了白飯，還要為所有的志工桌，各添上一鍋稀飯；常住眾則僅阿嬤桌需要稀飯。

靜思精舍最基本用齋人數，在舊齋堂時少則有四十二桌，要在早課結束的時間內，把各桌的方位認清，添上正確的飯類和飯量，哪桌需要稀飯，並將正確的指令，傳達給送飯的志工。這非一時的功夫可得，也考驗著行堂人員的用心。

## 敬師如師在

每逢證嚴上人行腳期間，隨師常住眾跟著出門，用齋的桌數也跟著減少。有次上人行腳，行堂時，德柃師父依然拿起上人桌的飯鍋添上糙米飯。一旁行堂的清修士天真地問：「上人桌也要嗎？」不意，德柃師父卻回答：「我們要敬師如師在！」

如醍醐灌頂的一句話，澆得她剎時清醒過來。「敬師如師在！」常住師父平時將上人放在心上，內化於言行身教之中，無須上人在跟前，也能天涯師跡，都付於心靈皈依處，於時空無限處，「以佛心為己心，以師志為己志」。

# 煮碗

**從早期克難的消毒殺菌「煮」碗，到水氣蒸碗，進而到紫外線殺菌烘碗，見證了靜思僧眾克勤克儉的歲月生活。**

因考量公眾衛生，靜思精舍用齋後的公盤與私碗是分開清洗。公盤洗好後送回大寮，分類收好；私碗洗淨後，先放上專用的碗架晾乾，達一定數量再送進煮碗機裡消毒殺菌。

煮碗和洗碗作業是分開的。三餐輪執洗碗的人，把私碗洗好，放上碗架，後續煮碗執事由烘碗組接手。通常是三餐過後，烘碗組會到架前進行排列整理，若還有空間則繼續留置，直到放滿一車才進行煮碗。

然而要放滿一車，不浪費空間和資源，考驗著執事者排列組合能力。正因碗架各層架間尺寸固定，碗的尺寸也是固定；大的碗放不下小的層架，小的碗放上大的層架顯得浪費；況且還有環保碗的蓋子，與客人用的瓷碟，得用另外的專用層架。因為各項條件固定，於是常見常住師父們排排又疊疊，善用各層架的空間。

一次，德俱師父想出個辦法。大的環保碗套上小的瓷碗，層層放在平板托盤上，可多出一倍空間，還能空出一個托架。而後又發現，大環保碗套小環保碗，再套上最小的瓷碗，如此碗裡有碗、碗中再套碗的「三合一」組合便創發出來。

誠如證嚴上人所說，三千大千世界是立體同心圓，相互融合又相互運作！如此排列、整理、碗套碗後，裝滿一車，再將蒸碗車推進「煮」碗機裡，點火「煮」碗。

## 水氣蒸騰的考驗

煮一次碗得用上電力、水力、火力，加上人力。煮碗機點火後逐漸增溫，當熱度的指針指向一百，即水的沸點，便可達到消毒殺菌的效果。

每逢煮碗時，常住志工胡淑照會在早課下殿後，先檢查煮碗機的水量，再檢查水閥開關，然後點燃瓦斯，等待沸點的過程，同時去用早齋。

待眾人用完早齋，煮碗機上的指針也走到了一百。此時眾人拿起溼抹布，將熱騰騰、浸染在一百度水氣下的蒸碗車，從煮碗機裡拉出來。

當煮碗機開啟，得在機器下方準備一個容器，承接開門時溢流的滾燙熱水。「煮碗時確定水閥有開啟，不用另外再加水，不然會流出太多的熱水……」經驗豐富的德倶師父表示，太多的滾燙熱水，除了承接有困難，還有燙傷的危險，不得不慎！

當蒸碗車推入煮碗機，需把有輪子的底座固定好，才能讓碗架順著軌道走。這時必須保持蒸碗車的平衡與穩定，若稍有不慎，致使蒸碗車脫軌，那層層疊疊的碗與盤，可能散落一地而殘破不堪。

有次，蒸碗車出現脫軌，兩個負責推車的人撐住車體，防止碗盤散落一地。八位常住師父和一位師姊趕緊來救場，將一層一層的碗架取下，淨空蒸碗車才解除危機。

蒸煮後還冒著熱氣的私碗，需一層層、一盤盤地從蒸碗車上卸下來，再將一個個熱燙的碗、盤等，從碗架上「抓」出來，放到齋堂的餐桌上放涼或吹乾。因高溫未退，若不快手快腳地「抓」，容易燙著。夏天輪到這項執事，很是煎熬；但寒冷的冬天，卻成了溫暖備至的工作。

瓷製碗盤最為燙手，但瓷製品遇熱快，冷卻也快。經電風扇一吹，不一會兒水分收乾，就一個個地套疊放進收納箱，待有客人來訪時再取用。

PC 材質的環保碗、筷，遇水不易分開，整理收納較為費時。煮好碗後，烘碗組得一個個地分離，在電風扇下吹了又吹，加上人手一塊擦拭布，再一個個地擦乾後才能收納。

體積大的環保碗、蓋較易擦乾，筷子和湯匙等小餐具，唯有耐心地擦，無法求快。所以煮碗時，需要全組總動員，得耗時一個小時，甚至兩個小時才能完成。

煮碗執事的第十天，會有個盛大的「結業式」，將所有煮碗相關的廚具、蒸碗車、煮碗機及環境等，進行大清掃與整理，務必回歸整潔，交接給下個輪執組。

## 從煮碗、蒸碗到烘碗

烘碗這項執事，常住師父總習以「煮碗」來稱呼。但實際是經由機器加水煮沸，產生蒸氣熱力來「蒸」碗，為何說是「煮」碗？

從前精舍的碗確實是用「煮」的，「煮碗就像練鐵砂掌，要搶大寮煮食的空檔。洗好的私碗，相疊成一圈在鐵籃裡，放入燒柴的大鼎滾水中去煮，完成殺菌後，由一或兩人戴上厚棉紗手套，外加厚塑膠手套，伸手到滾水裡撈起鐵籃；萬一手套有破洞，可是很燙的。」一位常住師父說。

撈起的碗堆疊進乾的簍子裡，還沒煮的碗又趕緊排進鐵籃，等待下鍋；「大家分工合作，通常在早齋後進行煮碗，每日一次，若遇上營隊或大節日，三餐都在練鐵砂掌。」

德偕師父補充，「一下殿就往大寮衝，先把鍋子洗好，加水煮沸，再把碗浸到熱水裡。水不能放太滿，七分滿剛好蓋住碗，九分滿會做水災。」

更早之前，大眾三餐用碗都要煮，一天煮三次，「用大鍋煮，常會燙到手起水泡。有時舉辦學佛營、夏令營等，煮碗的量好多！」德愷師父說。

早期還未倡導自備環保碗筷時，煮碗的數量非常多。一九九九年精舍「慈誠樓」蓋好後，有人送了兩部蒸碗機，克難「煮」碗的時期才告終結。只是「煮碗」一詞，因眾人說慣也就沿用。

後期，大寮及齋堂搬至新空間，煮碗改成紫外線殺菌，正式成為烘碗。蒸碗機除役後，轉做逢年過節時常住師父用來蒸發糕和壽桃。

靜思僧眾總是在克己、克勤、克儉、克難中承擔生活，從磨難中精進修行，以清淨自心，提升自身慧命，廣行六度，利益眾生。

## 清理善後的副執事

二〇〇九年代，除了收菜組是固定班底，洗三餐齋食的碗，加行堂與煮碗，五項執事十天一輪，歷時五十天，循環一回；加上每隔兩週的週日下午，所有副執事成員總動員，進行齋堂大掃除。這些執事統稱為「副執事」。

但為何稱「副」執事？就胡淑照的認知，有別於副執事，「正執事是大寮組、洗菜、做蠟燭、烘豆子、爆粉、出坡等執事。」一位常住師父補充，「靜思精舍的正執事是指煮飯等輪執工作，陣容堅強，是每天都不能鬆懈或漏掉的工作。」

「哪天大寮若不開伙煮飯，豈不是所有人都沒飯吃。其餘執事，只是每天用一段時間來做，大部分時間是做自己的工作，為別於正執事，就稱為副執事。」

二〇一五年，靜思精舍的大寮和齋堂移至新地點。大寮設置蒸汽鍋，不再燒柴；用餐桌數至少五十幾桌，至多可達百桌或兩百多桌；副執事也因常住師父、清修士人數增多，改組以「知足」、「感恩」、「善解」、「包容」四大組，輪執「早、午齋收菜」、「早齋洗碗加烘碗」、「午齋洗碗加人文館打掃」，以及「晚間藥石收菜加洗碗」等，十天一輪的循環往復，也改成一星期七天一輪。

每回碗洗好後，總有位師父會說：「關燈，離開現場。」而今，「副執事」篇章已完成，燈可以關了，電風扇可以不吹了，而人也可離開現場了！

# 水果

**水果組屬大寮執事，人員由出坡組輪執組合，班長也是輪流承擔，人人皆有學習的機會。**

大寮和齋堂自二〇一五年移至新地點，洗碗組洗早齋的碗時，經常可透過窗戶看見水果組的準備作業。

在舊齋堂，水果組屬香燈執事，與副執事洗碗組使用同個工作檯和水槽，每每需等洗碗結束，水果組方能上場。遷至新地點，水果組改屬出坡組大寮項目，和洗碗組的水槽是兩兩相對；洗碗組在外，水果組在內，中間隔著半牆與窗。

大部分時候，洗碗組去水果組借來工作檯，在水槽前方再搭個泡泡關，加快作業和效率；用水量大時，也會透過窗接自水果組的水龍頭，引水過來。兩組各有空間，各自獨立作業，共享工作檯與用水，改善了靜思精舍向來克難的生活。

## 瑣事愈多，當下解決

這次輪執水果組的是德桓、德珞與德庸師父。這日，洗碗組作業還未結束，便見他們早齋後直接來到水果區，準備各項工具。「每位班長的作息不一樣，有些班長早上先來做準備，七點三十分再過來開始作業。我們的班長是希望把所有的事一次完成，早做完早休息。」德庸師父說。

水果組屬大寮執事，人員由出坡組輪執組合，班長也是輪流承擔，人人皆有學習的機會。而這次水果組的班長是德桓師父。

這日有新人來學習，德庸師父讓他戴上手套後，交代要用水洗過，「因為它有粉末。」手套雖是全新，但常住師父為公眾衛生起見，自是謹慎細心，畢竟它是用來削水果、切水果的。

班長德桓師父請新人先削梨子，他拿起一顆梨俐落地削了起來。「手要護住，這麼大一顆容易手滑溜出去。」德桓師父叮嚀新人。

「削水果也要看食材。」德桓師父表示梨子很大顆，蘋果的削法就與梨子不同，「削得好會讓整個視覺很美觀，若手法不對應，會像被啃過一樣。」梨子削好後，為了不產生氧化而變黑，要放入鹽水裡泡一下。德桓師父特別叮嚀浸泡一下就好，久泡容易丟失水果的甜分。

新人耳根注意聽著，眼和手專注在動作上，一顆梨削完皮後，德庸師父便接手切塊，「切比較慢，削滿快的。」切水果也馬虎不得，畢竟切好後是要上桌的。

準備水果的工作雖變化性不大，但水果組的常住師父卻日復一日為著大眾而甘願忙碌。

水果是為精舍常住眾、同仁及志工所準備，份量也依桌數和人數而定。然而水果的數量與種類，並非日日都充足，所以餐桌上時而可見兩至三種歸一盤；或一盤全是同種水果，但不同桌，種類則不同。

無論種類或桌數，負責水果的常住師父總是精削細切，擺盤精緻。這時梨子削完，接著削香瓜，時而有志工進來，詢問給出坡志工的水果。

德桓師父轉而與志工盤算數量，考量有男眾和女眾，有的吃多或吃少，必須拿捏恰當。不會一兒，德珞師父也來提醒工程人員的水果……不時細瑣的事很多。「瑣事愈多，要當下就解決，不然累積到最後都沒法完成。」德桓師父說。

## 器具固定，人是活的

香瓜削了皮，挖了子，對半切後，鋸了蒂頭，再來是切塊成二等分。德庸師父切著水果的手法，可把新人難倒了，「我也是不斷訓練才學會的。」德庸師父安慰新人。

待要切香瓜蒂頭時，德桓師父見狀，趕緊過來叮嚀與示範，「這個不能用切的，會切到手，要用鋸的。」果然是挑水運柴，無不是禪！「真是處處都是學問！」新人說。

這日，有了梨子和香瓜，數量仍是不足，常住師父再拿出木瓜。三種水果中，梨最硬，香瓜次之，木瓜較軟最是考驗新人的功夫。

德桓師父找來刀具，示範削起木瓜，動作俐落地先把兩邊蒂頭切掉再削皮，「硬的這頭先削，反過來拿著才不會太軟；若軟的這頭先削，反過來拿著會變的較爛。」因為手掌的溫度，握久會讓瓜肉變軟。

同一個位置，德桓師父會削個兩至三次，直到比較紅的瓜肉，注意力道不要有刮痕。由於木瓜體大，刮刀體小，有時刮刀的邊角容易把木瓜刮出痕跡，那是不容許的，「不同的刀具，要想辦法適應它，然後調整它；器具是固定的，人是靈活的。」德桓師父勉勵新人。

木瓜削好了皮，德庸師父接手切塊。水果要切得美觀，也需留意食材的特性；香瓜等分切屬容易，木瓜便要留心。「若切尖尖的夾不起來，昭師父會念人。」德桓師父說。

早期證嚴上人教導弟子或香積志工，切菜要切寸菜，方容易入口；殊不知，切水果也有此考量，除了要切得美觀，還得容易夾取。

梨子、香瓜與木瓜，一個一個削完、切好後，最後是擺盤，「木瓜不能疊，疊了會變形不好看。」德桓師父說。

「我們一次完成作業，就不用再分次。」德庸師父說，這日準備的水果量是五十二桌，全是午齋的。德桓師父補充，「洗菜是洗一整天的量，水果不能囤，只能一餐一餐來。」水果最大的需求量是在午齋；晚上藥石只給志工，非天天都有。

水果備妥，便一盤一盤地擺放在推車上，五十二桌正好一車。然後用水果專用的網紗，網住整輛推車，推進冷藏庫儲存。「十點多時，再將它推出來，交給行堂的人上桌。」

是日恰是週日，上午的工作結束後，常住師父開始進行大掃除，準備利用兩天的時間完成，以備下週三的換組。約下午二時三十分或三時整，德庸師父和德珞師父會到冷藏室裡察看，先進者先出，後進者後出，挑挑撿撿，整理完畢，便結束水果組一天的執事。

# 洗菜

**葉菜從田裡採摘，再經挑揀、清洗，隨著時間新鮮度會逐漸流失。尤其清洗過程接觸大量的水，不容滯留太久，所以洗菜這關很重要。**

洗碗組洗好所有的「碗」後，必須清洗盆具和水槽等，完成後總有菜渣滯留水槽中。洗碗人員將它們收集後，攜往置於大寮外面挑菜區的廚餘桶集中處理。

途經洗菜區，總見洗菜人員已著防水圍裙、雨鞋及手套，帶髮者加上頭巾，在水槽邊嘩啦啦地洗起菜來。容易清洗的菜打四關清洗，沙土較多者打五關。菜洗好後送進大寮，當日要用的由典座烹煮，翌日要用的收進冷藏庫備著。

## 利用水波，效率洗菜

這次輪執洗菜的是德法、德謹與德傳師父。這日，他們用完早齋便到了洗菜區，洗好芥菜又洗菠菜。一位來學習的新人還未會意過來，便聽見德法師父說：「要把那個菜撈起來。」

新人站在第一關水盆前，不知如何動手，站第二關的德謹師父趕緊上前示範，「要往下把菜撈起，不要一直翻攪，翻兩下就可以，再撈過來。」

「菠菜泡久了會爛。」德謹師父撈起菜後，繼續示範，「菜洗好要讓水瀝掉，才不會浪費太多水。」他動作迅速，看到大把的隨即分離，菜葉邊緣萎爛的就立即剔除。

「遇到不好撈的，一隻手把水打過來，菜就順勢過來，手才不會那麼吃力。」手快說話也快的德謹師父表示，終年輪執出坡，如何把事做好，同時保護自己也很重要！

葉菜從田裡採摘，運到市場，採買後再經挑揀、清洗，隨著時間新鮮度會逐漸流失。尤其清洗過程接觸大量的水，不容滯留太久，所以洗菜這關很重要。「但是也要洗乾淨哦！」德法師父提醒著。

「這邊給你洗。」德謹師父示範完讓新人站到第二關。眼見和第一關不太一樣，新人一時不知所措。

「划水游泳，經水波的震動力，把葉菜上的沙土撞擊下來。」這輪承擔洗菜組班長的德法師父示範「游泳」，其實是以一隻手掌在水面划水，使其產生漩渦來洗菜。將一把把的葉菜，分批放進盆裡，划水游泳立即撈起，再迅速放進下一關的盆裡。

「用一陣子水量會變少，要再加水。」話才說一半，德法師父立即拿起撈網往盆底撈起殘餘的菜，「水槽上的或掉落的，可以吃的都要撿起來。」

「然後要舀水。」德法師父請新人從下一關的盆裡，把水舀過來加水；這關舀下一關的水，如此依序加水，「最後一關的水會是活水，這樣洗才會乾淨。」而最後的洗菜水，還可用來沖洗地板。

洗菜組編制三人，洗菜時卻有五關，彷彿在戰鬥，不但要眼明手快，還要耳聰，相互補位就顯得重要。「洗菜還算是輕鬆的，大寮煮菜才像戰鬥。」二〇〇七年出家的德法師父跟著執事輪執，對大寮的工作早已不陌生。

## 曉了菜性，掌握份量

靜思僧團自始秉持證嚴上人「自力耕生」的原則，自家種菜自家吃。日常中常可聽見總機師父廣播：「各位常住師父、師姊、清修士菩薩，請現在有空的人到田裡幫忙割菜。」

田裡的菜，平日由耕種的人或出坡組採收。若遇颱風即將來襲，或過年與營隊到精舍參訪，用餐人數增多，洗菜組忙不過來，便會動員常住眾到田裡採收蔬菜。但這日的菠菜，卻是市場買來的，「現在田裡沒種，種的是芥菜。」德法師父說。

「摘菜是洗菜組的工作。」德傳師父補充，在洗菜前得先挑揀。往昔由一群常住精舍的老菩薩，即常住師父的俗家母親或姊妹們承擔，一做就是一整天；如今老菩薩幾近凋零，接續的是些資深年長的常住師父。

「如果來不及上菜，洗菜組就會幫忙揀菜，是彼此互協的。」德傳師父表示若洗菜組要輪換了，隔天的洗菜，出坡組的人就會來協助。

然而，洗菜也有洗到下午的時候。德法師父說：「有的菜不好洗，要一葉一葉洗，特別是大白菜。」

「要計算洗多少菜給大寮，才夠午齋的份量，這是洗菜值星的事。」德法師父進一步解釋，在洗菜的同時要知道菜的屬性，一籃可煮出多少量，要能算出來，「但有的菜不能純粹以籃來算，如菠菜會出水縮減；有的菜很有份量，如青江菜。」

「或是花椰菜！」新人說。「對洗菜組來說，花椰菜不算青菜，葉菜類才算青菜。」德法師父回應：「它是屬於搭色菜，洗菜組就不用幫忙算。」

「菜單不是都由大寮典座開的？」新人又問。

「主菜是典座開的，青菜是洗菜組開的。」德法師父補充，「像今天本來是準備高麗菜，可是典座要搭色，要求綠色蔬菜。」因為有印尼志工團隊來訪，改用的綠色蔬菜便是菠菜。

主菜是指一餐所需的菜餚，其中一道青菜由洗菜組準備，有什麼菜就洗什麼，洗好菜，大寮就煮。因此典座承擔的考驗很大。德法師父邊洗菜邊不假思索地說：「如果青菜不夠，典座就要想辦法補足。」

## 凝聚專長，成就圓滿

今日洗菜組所洗的菜，不只是菠菜，還有典座拿來的青花和馬鈴薯。平常各自分工，需要時又能合和互協。「馬鈴薯的皮已經削得很乾淨，稍微搓洗一下就好。」此外還有芋頭、香菜，清洗時空氣裡滿布著香菜的香味；再來是大白菜，要一片一片地剝和洗。

明日的主菜是火鍋，茼蒿是必要的食材。德傳師父說：「茼蒿是今天挑，明天洗。」德法師父補充：「我們今天準備的菜，至少要有明天的量。」畢竟大眾飲食不能一日無糧！

茼蒿也是買的，田裡沒種，挑揀好後入冷藏庫保鮮，明天才洗。而這日一早，從冷藏庫裡取出的是福山萵苣，在清洗當中室溫下的水也變的冰涼，「冬天寒氣逼人，以前我不戴手套，現在會戴，不然會手腳冰冷。」德法師父說。

如此日復一日，終年輪執，彷如一成不變；「其實變換形式是很大的，例如洗菜，不只是洗菜而已，有很多要注意的。」德謹師父表示，如菜量夠不夠，新不新鮮，哪些菜不耐放容易壞，要依優先順序消化。

「若上午把所有菜洗完，下午還得來察看有沒有要洗的菜，環境也要整理清潔。」德謹師父接著說。

每天洗菜碰水，又要應付各種變化，疲累自是難免，「身體健康時覺得還好，身體不好時得自我調整。」德法師父表示，在俗家時可謂好命，無需操心家事。

從洗水槽撿拾到生菜，德傳師父洗淨後送進籃裡，常住師父惜水愛物在日常生活中可見一斑。「洗菜還可以撐；若是大寮，輪執結束就沒氣了。」德傳師父開玩笑地說。

這日洗菜時，新人要撈盆底菜渣，發現撈網壞了，問德傳師父換來一支。而德傳師父要用時，發現它沒問題，並對新人說：「是方向不對啦！」

原來撈網在不斷使用下，網子會翻面，導致功能不佳。新人沒經驗，以為它壞了。「很好用的東西，卻因為我們不了解而覺得它不好。」

德傳師父回顧過往，總以高標準看待人事物，而今曉了每個人雖有缺點，但也有不同的優點和專長，將不同專長的人結合起來，就能成就圓滿與美好。

這日洗菜工作結束，三位常住師父乘著空檔，先進行換組前的部分大掃除，所有的器具都要刷洗，包括電風扇和吊扇。新人也跟著一起收拾善後，見其井然有序，對每位常住師父的生活禪感佩在心。

環境清掃好，洗菜的器具也清洗完，有序地收納在水槽上後，常住師父合力拿出大型防水帆布，從頭到尾將整個水槽套住、繫牢，「避免有人來這裡洗碗、洗手，或有小動物跑進去。跟食物有關的，都會謹慎些。」

# 前晌

農禪生活

取法自然

## 出坡

**叢林中普遍邀約大眾，上下合力從事勞作，稱為普請，俗稱出坡，如打掃、農作、搬柴等。除了自力耕生，從工作中不斷磨鍊心性，也向大自然學習取經。**

早齋後，靜思僧眾或參加志工早會，或各自走向輪執的崗位。出坡時段，有人忙裡，打掃寮房、清洗浴廁；有人忙外，頭戴斗笠、腳穿雨靴，下田耕作。如今靜思僧團雖無需再種植稻子、甘藷等作物維生，然而僧眾對各式蔬果的培植，始終奉行自力耕生的靜思家風——農禪生活，將修行與生活結合深化。

### 靜思家風，儉樸生活

回首一九六四年十二月，證嚴上人帶著紹惟（德慈）、紹旭（德昭）、紹雯（德融）、紹恩（德恩）四位弟子，借住在花蓮秀林鄉佳民村的普明寺（地藏菩薩廟），過著常摘野菜的克難生活，有能力一天吃三餐，沒能力就一天吃一餐。吃穿用度樣樣都匱乏之下，還致力於慈善濟貧，「克己、克勤、克儉、克難」的靜思家風由此樹立而來。

「生活要靠自己的雙手拚命做，用勞力來維持生活。第一代的人要有徹底犧牲的精神，要能吃得了苦、耐得了勞，忍人所不能忍。」大師兄德慈師父談起上人如此期許著第一代弟子。

為建立有別於傳統的道場，師徒以貸款買下精舍第一期土地，為了償還銀行貸款，他們開始耕種。未曾務農的師徒，從播種、灌溉、施肥、除草及巡田水，到最後收成，才發現種田一點也不簡單。

除了耕作辛苦，割稻也很辛苦。收割一整天後，隔天兩腿痠疼、硬邦邦地無法彎曲，但還是得繼續割稻，「早期為了生活，我們很認真地苦幹硬撐，做就是了。」德慈師父說他們不怕辛苦，自己甘願做的事，所以做得很歡喜，「身體雖然疲累，但心不會累。」

追隨證嚴上人的第一代出家弟子，確實做到「徹底犧牲」，胼手胝足地撐起一個「家」。每日早齋最後一口飯尚未吞下，他們的雙腳已踩進田裡，勤快地做著農事。曾經種有三分田的豆子要採收，德慈師父與德昭師父在左邊，德融師父與德恩師父在右邊，一彎腰摘豆都忘了要休息。

上人對弟子要求雖嚴，但也非常關心弟子。那時耕種了三甲地，他們專心一意地工作，可謂廢寢忘食！上人擔心弟子中暑，總是叮嚀要早一點休息。

一日，有人訂了三百斤番薯葉，碰巧上人出門訪貧，巡視全省慈善會務。弟子們埋頭苦幹採集番薯葉，直到摘好三百斤，忽聞郵差喊道：「有信！」「今天郵差怎麼這麼早來！」德恩師父一看時間，已是下午兩點。午時已過，當時他們是躬著痠疼的身子，走到齋堂用午齋的。

「早期種菜都是用人工，手拿鋤頭翻土、整理菜股，常用水肥灌溉。」

資深弟子打趣地回憶，水肥是糞坑裡的水，得用水桶撈起，「第一次提水肥，晚餐都吃不下，但那次之後，漸漸習慣就不覺得那麼臭了。」

## 合心齊力，迅速整齊

一九八四年四月二十四日，二十三歲的德恆師父到精舍常住，正值花蓮慈濟醫院工程興建期間，來精舍參訪的「慈濟列車」很多，最是忙碌時期。他與德宜師父兩人年紀最輕，常不惜手腳竭盡付出。

早期通訊不發達，德恆師父猶記得輪執大寮時，常在傍晚時刻忽然「列車（遊覽車）」來了，而常住藥石已過，齋堂已收拾好。是時，在德慈師父帶領下，迅速地全體動員，煮個麵、燒個菜，讓參訪的人能溫飽。

「那時十幾個人，大家都很合心，很快地把餐食備好。」但臨時快速煮出的量，難免會有剩餘，常住們常常要惜福。

當年大寮仍使用燒柴的灶，必須去撿柴、載柴，還要劈柴，「我們都跟著慈師父、融師父做。慈師父做事很快，疊柴也疊得很整齊。」

僧團生活除了輪執事，還要做手工。每樣手工成品，師父們均打包得扎實、整齊才會出貨。而精舍內的本分事，常住師父們同樣秉持迅速又整齊的工作理念。

又經幾年，僧團成員逐漸增加，工作量也愈來愈多。德慈師父請德恆師父不用輪執，接手「發落（調配）」常住工作，包括帶領出坡。

「那時工作量很多，用完早齋就要馬上發落工作，常常是這項還未做完，就緊接再想下一項；早晚和中間空檔，幾乎都在想。」

縱使工作繁多，德恆師父在家時也未曾做過，但他都無怨言地承擔。「早期大家都很合心協力，新人來了，無論會不會做，融入這個大家庭，就一起工作、生活。」新進的人就是跟著做、跟著訓練，很多人後來也能獨當一面。「所以，人事的問題很少，只要把工作規劃好，大家一心為常住付出。」

## 動中修靜，妙用生慧

靜思精舍出坡窗口歷經幾代傳承，時至二〇二三年三月起，出坡窗口由德霈師父承擔，主要工作是安排輪執出坡工作、人員調度、志工短期精進的出坡安排、支援農耕採收處理，以及承接臨時工作時的人員與時間安排等。

修行要在動中取靜，從工作中不斷磨鍊心性，體悟挑柴運水皆是禪，日常生活皆是道。有資深弟子回憶初來精舍，一日出坡拔草——臭頭香（香附子），上人見狀拿起鐮子，連根拔起臭頭香。「啊！原來那一顆顆球根就像煩惱的根，若不用心清除，否則春風吹又生！」弟子當下頓然領悟。

上人創辦慈濟功德會後，便投注於慈善、醫療等志業發展，逐漸無暇親自教導後來出家的弟子，但從每日晨語、志工早會的上人開示中，仍能汲取法髓，在生活中印證妙法，增長智慧。就如一位弟子分享，一次在種植時發現一畦一畦的菜冒芽出來，但有些菜苗就是沒成長。

「仔細察看，原來有石頭壓住了，使它沒辦法成長起來。」弟子省察石頭就如心中的無明煩惱，即使聽聞佛法，然煩惱習氣未除，內心的菩提苗將無法成長。

一花一世界，一葉一如來！鋤禾日當午，汗滴禾下土。對農夫而言，或許是營生下的日常；就靜思僧團而言，除了自力耕生，僧眾也常以此向大自然學習取經。

冬陽溫煦時節，精舍前山門右斜方的田裡，一排爬藤作物棚架旁，德穊師父手持一朵雄花，在繁葉裡東尋西找，見著有小肚腹的雌花，便將雄花往其蕊心上輕點，進行人工授粉。

「母花是有長肚子（子房）的。」德穊師父授完粉隨即套上印有「苦瓜」字樣的袋子，形成保護，「在它們還沒被蟲叮以前趕快包起來，被叮過就沒用了。」

大自然中的植物多由蜂、蝶等昆蟲傳遞授粉，何以苦瓜需人工授粉？德棶師父說：「可能它已經受粉了，只是我不知道。在不確定時，套袋可能就沒機會受粉。」套袋是為杜絕昆蟲叮咬，但也失去讓蜂、蝶接近授粉的機緣。

德棶師父拆開一朵瓜蕊的套袋，邊喃喃自語：「苦瓜哦，實在教了我很多。」他原本不懂得種植，任其自然花開，等不到結果便全部被蟲吃光了。雖不解與不捨，但很快地就轉念，「一切都是因緣，讓我來此學習和體會。」

剛成形的苦瓜蕊，需用套袋保護，為了節省資源，德棶師父以回收包覆蔬果的網套來套袋，「結果還是被蟲叮。」一層不行改用兩層，依然無結果。「換來換去，最後還是要用專用的袋子。」

光學套袋就歷經一番學習，「一不小心夾到梗，瓜蕊就折損了。若沒套袋好，強烈的東北季風一吹，也會把梗吹斷了。」

走了幾步又回過頭，德棶師父朝繁密的枝葉裡尋尋覓覓。瓜蕊與葉子的顏色幾近相同，沒仔細看會找不著，「那邊又有一朵。」德棶師父趕緊拿袋子套上。轉頭見一朵瓜蕊仍包著網套，立即換上套袋；那瓜蕊已稍有成長，小小的純白模樣，分外可愛。

再掀起一個套袋，露出一條大些的苦瓜，好漂亮！又掀另一個套袋，「這條更大。」只見那苦瓜沒有蟲子叮咬的痕跡，潔白如玉，「有時看到這個成果，會很開心。」

## 取法自然，腳踏實地

「我是外行，就隨順因緣走。」德稤師父曾在文宣組，後轉到知客室，而今走向戶外學習農耕。

走著走著，田畦上有剛出芽的作物，土壤略溼，田溝上有水，「要學習平衡感！」挨著瓜棚，頭得閃過繁密的枝葉，腳得避免踩踏剛出土的芽兒，「才剛種下的蘿蔔，小苗長出來了。」外行人會以為是草，行走其間沒注意可能一腳踩下。

「這是粉A菜（萵苣），那是油菜……」低著頭，德棶師父細數田裡種的作物；抬起頭，又遇見另一朵瓜蕊，「這個明天會開，要來套袋。」他邊學邊做邊觀察。

這天陽光溫暖，近北迴歸線的冬天，依然有熱晒的考驗。而農作終究得看天收成，「刮風下雨在所難免，大部分還是照常出坡。」

早上德棶師父才包完大黃瓜的套袋，下午又來包苦瓜的套袋，邊走著見到了菜心、奶油白菜、芥菜及青江菜，「這幾天璒師父他們會來採收。他們前天來採地瓜葉，昨天採萵苣，最近一、兩個星期吃的芥菜，是這邊種的。」

到處都有種菜，德棶師父表示這片田種植將近三十種的蔬菜與作物，有高麗菜、芥藍、荷蘭豆……而高麗菜葉幾乎都經蟲子啃食。靜思精舍的農作物，採收前蟲兒先吃，採收後人兒再吃，並不衝突。

往芥菜區走，見有不少爛根的，德棶師父說：「太差不要的葉子，可以當肥料。」再走，眼前出現番茄，旁邊長有燈籠果。德棶師父採下一串，吃上一顆，「現在是成長期，香香酸酸的，好吃！」燈籠果的粗果皮直接拋地，回歸大自然。

走到一處有兩個桶子，德俅師父說：「像咖啡渣、茶葉渣，我會拿來這裡做堆肥。」做好堆肥後埋進土裡。

冬陽下，微風吹拂，走在田畦上，甚感舒暢！「我們大部分是要蹲下來做事。」德俅師父道出他們（含兩、三位志工）下田時的日常寫照。

不遠處，有碩大果實的香蜜百香果，一樣一顆果實套上一個袋子。眼前還有碗豆和幾棵開始變黃的木瓜，「辛勤耕耘就會留下痕跡！」

德俅師父深感，雙腳站穩在土地上，能使心更踏實，踏實中還有他隨身小布袋裡的小型行動擴音機，時刻流出上人的法語開示，「工作不離佛法，時時跟隨著上人。」

（文字協作／釋德諦）

# 園頭

**園頭，為叢林中負責耕作菜園的執事。僧眾墾田闢地，自給自足的農禪生活，藉由日常生活的磨鍊修持，化為明心見性的資糧。**

二〇二二年十一月三十日的前一日，地處亞熱帶的臺灣仍是晴朗溫暖的天氣，這日氣溫驟然下降，涼冷的初冬悄然到來。

此時，靜思精舍菜園裡的一方，德募師父在網室裡摘著豆子，「為防鳥吃，所以用網室栽種豆子。烏頭翁什麼都愛吃，從小苗、葉子、花朵到豆子都吃，最後到我們要吃時，剩沒多少。」

有些豆科植物是爬藤的，攀爬得比人高，站著採摘比屈蹲來得輕鬆些。而地上種有芹菜，鳥兒吃得比較少，長得比豆子好。

另一處比芹菜長得更好的是辣椒，有些在網室內，有些在外，「辣椒只種了幾棵，用來當作有機噴灑，類似驅蟲，沒有絕對。」修行人的思惟，不問營利，不計豐收，相對或絕對，也不在錙銖必較中。

德募師父採摘著豆子，有些看似成熟卻放過，有些尚未成熟卻採了，「沒有一定的標準，覺得可以就採收。」

眼見蝸牛竟也爬進網室內，「牠們想找尋食物，就會想盡辦法從外面爬進來。」所幸這一方菜園是以有機種植，對蟲鳥都無害，但辛苦種的菜都被吃了，德募師父卻以平常心看待，「不能傷害牠們。其實牠們要吃時，也會避開我們。」萬物本一體，慈悲護生，就是分享讓牠們吃，或捉離放生。

一方網室裡，還種有大頭菜、花椰菜，周圍雜草不多，「菜剛種時，除過草了，過一陣子會再長出來，就拔不完了。」

草是拔除後會再長，無有拔完的一日，「一雙手能做的有限，就重點式的拔除。」身為「園頭」之一的德募師父，或承擔農作的常住師父，已習慣這樣的日常。修行、修心，亦修性！

## 耕田種菜，順應自然

網室雖名為「室」，其實是網子搭成的「棚」；因空間大，人可行走其中，故稱為室。它不具規模，也沒專業可言，緣於德募師父想搭個網室栽種豆子，便找材料想辦法自己搭。

網子透風、透陽，可一網之隔，溫度卻有異，「裡面很溫暖，跟外面差好幾度。」德募師父邊說邊拿出採摘的豆子，「這醜豆還可以再長胖一點，這次的沒有很胖。醜豆看似胖胖的，但是不會老哦！」大地萬物自有其「體、相、用」；因外相而名為「醜」豆，但其性不老（纖維），口感清嫩。

「它是春夏的農作物，太熱不行。」終日在菜園裡務農的德募師父表示，「有些蔬菜是春夏、或夏冬交替的時候種植。」在花蓮，經常是夏日尾聲不見秋來，見得秋時，不幾日便已入冬。醜豆是在「夏冬」之交種下，不下幾月就能採收。採收後可種葫蘆瓜，「如果要種，網子就要拆了。」好不容易架起來，拆網甚感可惜，「可種長豇豆，它需要網室。」

「種菜是體力活。」德募師父若有所思，「小黃瓜、苦瓜等種植較繁複，都需套袋。」農作得看天，還有鳥、蟲分食，套袋、拔草等體力勞作更是難免，「我就種大家會吃的菜。」他總是不疾不徐，彷若不執著、不妄求。

雖說套袋作業麻煩，可一旁出現了套袋的佛手瓜，「佛手瓜和龍鬚菜是同一家族；矮的就採龍鬚菜，爬高的就讓它長瓜。」

這方田裡，菜、草齊生，萬物共長。面對拔不完的草，德募師父依然平常心看待，「種的農作物，可以讓我們吃多少，就算是多少。」以前種大頭菜，也曾全軍覆沒，「因為一直下雨。」

「人無法勝天。以前人說，老天不疼你，再怎麼樣也沒辦法。」靠天吃飯，順應季節和因緣，這是自然法則，德募師父認為凡事無需想太多。

走到一處菜畦邊，德募師父坐了下來開始拔草。拔起的草就地擺放，曝晒在陽光下，「肥水不落外人田，留著當肥料。」

農作總是看天。是日晴天，冬陽底下拔草，還能堪受；若逢下雨，雨勢不大照樣拔草、種菜，遇大雨就選擇做其他的事。

拔著草，德募師父記起上人講過的土香（香附子），「土香牽牽拖拖，會占據並影響作物的生長空間。」耳邊隨即傳來上人開示的聲音。

這方田裡裝置有小型的無線電播放器，形塑成向日葵模樣，接收自精舍主機播放的音頻，電力採自太陽能，「我一個人靜靜時，就聽上人開示。」縱然獨自在田裡，也不離佛法。

## 氣候不調，考驗自省

與德募師父所在的菜園，相隔一條步道的田裡，德棠師父也靜靜地拔著草。他也是園頭師父之一，與德稼、德募、德勇、德整及德皎等師父承擔菜園執事；而德稼、德愉與德俊等師父則承擔庭園執事。

這一方菜園由德棠和德勇師父承擔，依各別想種的菜分別管理。德棠師父所在是他種的高麗菜田，「冬天的菜大概有高麗菜、花椰菜、芥藍菜……」

高麗菜是田間常見的蔬菜，唯這幾年來氣候異常不調，這期的高麗菜狀態不太好，「今年不太下雨，然後下個雨又出大太陽……」德棠師父表示，不下雨，供水勢必減少；一下大雨，又造成積水，「菜就爛掉了！」

「所以氣候不調，會嚴重影響植物的生長。」順應節氣栽種的蔬菜，遇上氣候異常，只能無奈，若是夏天收成的更不易，「夏天不是很好種！要花很多時間，太陽太大也不好。」

夏日務農比冬天考驗更多，炙熱的豔陽下，承擔園頭的德棠師父照樣耕種，「我會種莧菜、空心菜等。」

德棠師父負責的這片田，也是菜、草齊生。他頭戴斗笠，手持小鐮刀，蹲坐在小凳上，拔著、挪著，沿著菜畦緩慢前行。獨自要照顧偌大的菜園，幸好承擔庭園的德俊師父下午得空會來幫忙。

靜思精舍的日常生活，各項執事以輪流方式進行，唯菜園和庭園是固定執事，由固定的常住師父承擔；執事上若有所需，師兄弟間會相互支援、合和互協。

「工作就是這樣，人多有人多的做法；人少靜靜地做，也是可以的。」這日德棠師父便獨自靜靜地拔著草，明知今日拔了草，他日仍會再長，其心豁然！「需要做的事，就趕快做；不要雜念太多，起煩惱心想著做不完。」

「蔬菜顏色若是黃黃的，要趕快施肥；澆水要看天氣；若一直下雨，就要趕快拔草……」唯一人身處天地間，僅有菜園相伴，德棠師父深悟，「修行這條路是孤單的，必須用心。」

## 用心修己，隨順因緣

對於孤單，德棠師父自有詮釋，「每個人的理念不同，若自己跟別人特別不同，不隨順就很孤單；若隨順就不能堅持自己的理念。這時候是要隨順，還是堅持理念？」

德棠師父進一步說明，堅持自己的理念會比較孤單，也許會很辛苦。若認為這種堅持是值得的，或是害怕孤單就去隨順……這些是必須要釐清的。

「一件事可以很簡單的處理，若變成很複雜，會直接影響情緒。」德棠師父認為，這是修行當中必經磨鍊的，「我個人想法是，事情能圓滿的完成，方法不用太在意。」

「你覺得好，別人不見得能適應；若每個人都執著己見，就很難圓滿。人不圓滿，事也難圓滿。處事當中，若沒有利害關係，只是工作方式不同，若能隨順就隨順，藉此磨鍊自己，去除習氣。」

「人事隨因緣變化，好與壞，不用太在意。好的，不用太高興；不好的，也不用太煩惱。」即是緣來勿喜，緣去勿悲，「建立好因緣觀，就不會一直起煩惱心；起心動念，又累又費神。」

德棠師父深感，修行須依持正法和因緣觀，「平常如果沒下功夫，當業障現前考驗一來，馬上打回原形。所以要用心下功夫！」他認為所謂的法喜，就是清淨沒煩惱，當下領悟佛法而心生喜悅。法喜能提昇心靈成長，加強對佛法的信心，激發修行的動力，進而能斷除煩惱。

如今對佛法雖有些體悟，但德棠師父自稱在俗家時，根本不懂這些道理，「因為沒人教，也許過去生也沒有熏習的機緣。」然而，德棠師父從小對生死有著與他人不同的看法，「小時候，見人家生一個孩子，就很高興；遇到往生的，又很悲傷……又喜又悲的，覺得很累。」

未出家前，她是幕後慈濟委員，常到靜思精舍幫忙德仰師父做衣服。見著出家人天未亮即得起床，夏日酷暑仍得僧衣加身，逆來順受。

日後，母親罹患癌症第四期，準備接受手術治療時，父親卻發生車禍往生。她震驚於「生命怎如此脆弱？」她誠惶誠恐，「沒事不要出門，會遭車禍。」然回想母親沒發生車禍，卻也病了，不知能不能好？

「天底下沒有安全的地方，生命就像泡沫一樣脆弱。」她陷入思考，「這個色身的『我』到底有沒有？」說有，可消失了就沒了；若說沒有，曾經又有。

思來想去終無解。二〇〇〇年四月，她決心到靜思精舍修行參透，「隨著學習並融入出家生活，那些問題都不存在了。」然而日常生活裡不免遇上考驗、困難或疑惑，便從高僧行誼的書冊裡找尋答案，「原來人人都是凡夫，都是來學習體驗的。不是一來到道場，就馬上變成不一樣。」

「我們都是煩惱深重的凡夫，高僧大德也是這樣磨鍊過來的；修行的心很堅定，以因緣觀面對一切，即使不合理的也能釋懷。」他明瞭若依止修行，便能禁得起考驗，增進信心，勇往前行。

他在成為近住女三年半後，於二〇〇三年十月十四日圓頂出家，法名悟棠，法號德棠。

## 不著事相，境隨心轉

靜思精舍的執事，早先耕作菜園，是由一組四人輪執；後來不再分組輪執，由幾人認領承擔。德棠師父便抱著學習的心接下園頭執事，「因緣在哪裡，就在哪裡學習；我們是來修行的，不是工作。」

承擔園頭的師父，平日無人支援時，常分處各自的菜園，獨自默默地農作。背天面地，曠野寂靜，縱然獨處也有自度度人的機緣。

一次，德棠師父一人靜靜地拔草，一位會眾悄然而至，也安靜地幫忙拔草。日後他又來，還帶了一個人，他們相互知會，「要到精舍幫忙，就找一個人在旁邊默默地做，不找一群人……」

德棠師父聽了，恍然有悟，「不論身處人多人少，都要觀照自己的言行。」德棠師父深感獨處時，威儀當不可失，而那人堪是來印證自己的所思所行。

其次，儘管身處菜園，沒有入群處眾，但種菜也是間接地為眾服務，「我們不是為自己耕種，是為大眾需要。」若認為接觸人群才能度眾，那是自我局限了。

「任何事情都要有人做，修行就是要打破事相的局限。我們入佛門所做的每一件事，都是為利益眾生。」德棠師父坦言種菜雖苦，苦在暑熱煎逼、冬冷寒凍，不把色身看得太重，會較輕安自在。

「苦的感受，跟心境有關。如果甘願做，身體雖然會累，但精神不會累垮；若心存不滿，不做也覺得很累。」德棠師父說。

以前不懂什麼是轉念，德棠師父總帶著煩惱心讀「經典」，縱然經文再簡單，也無法理解。「明明就很煩惱，上人也常講要轉念，可是這麼苦，怎麼轉念？」德棠師父有感當時的自己，身邊有法也不懂得妙用。

人的愚癡和無明，是苦到不能再苦，苦到不能接受時，才會想去改變。他自我調侃，「我們就是自找苦吃的那一群人，才會這麼難教。」

所幸遇上苦時，他轉了念頭，「那一天滿有福報的，轉念後就沒去注意苦了，突然間出離了。我從年輕就喝咖啡，那天喝到的咖啡，從沒感受到這樣的『味道』。」

那杯咖啡，與平日裡喝的沒有不同，但德棠的內心卻很知足、很歡喜，「原來生活可以這麼地輕安、知足，太奇妙了！」

放眼菜園裡，高麗菜雖長得不是很好，花生長得好些，A菜心（萵筍）正在努力地生長。德棠師父回想早期種菜，是拿鋤頭打菜股（翻土作畦），「還要撿石頭，去篩後再拿去倒。」

「以前煮菜都燒柴，當時精舍有個柴坊，有人會送來木頭。接著要鋸，再用斧頭劈柴。」德棠師父回憶初來精舍時，還要鋸木劈柴。

他其實年紀尚輕，只是修行心念起得早，經歷過靜思精舍早期些許克難的日子。而今，後進者已無需荷鋤打菜股，或舉斧劈柴，這何嘗不是時代演變下的一種福報！

# 眾生相中觀自性

「萬物的道理，是大自然教會我們的。」耕種菜園，如臨《華嚴經》中浩瀚廣博的宇宙觀，從接觸大自然中觀察眾生相，了悟法藏於日常生活中。——德勇師父

俗云：「活到老學到老」；佛法云：「法門無量誓願學」。一九九八年四月於靜思精舍成為近住女的德勇師父，二十幾年的輪執，體悟每項執事都是修行的法門。

「就佛教言，這都是佛事。就世俗而言，執事中充滿酸甜苦辣，但藉由人跟人之間的磨合，產生無量的智慧，我覺得很開心。」

猶記得輪執大寮，燙菜時見蒸汽鍋裡熱水滾沸，他的思緒已飛至《地藏

經》裡的鑊湯地獄；落水入鍋的青菜，彷若地獄裡的苦難眾生，剎時苦海縈繞……

回到當下，德勇師父遵循資深師兄教導烹煮的訣竅，「有的菜偏嫩，有的偏老，透過觸摸來決定煮的時間。」藉由觸感來分辨，果然也是一種「法」！

回歸那一念清淨心，「不論什麼執事，都當作是佛事，因為都是在接引眾生。比如在大寮煮素食，煮得好吃，能接引人來吃素。」德勇師父心有所感。

## 菜園裡的諸法實相

「菜園又是不同的事相。」德勇師父是園頭之一，二〇一九年起固定承擔菜園執事。耕種菜園，讓他如臨《華嚴經》中浩瀚廣博的宇宙觀，從接觸大自然中觀察眾生相。

兩年前種的高麗菜，因氣候異常，昆蟲增生而先食，接著鳥兒又啄食，搶在人們收成前把菜都吃了，「很多師兄弟都覺得種菜很辛苦，有時還要吃牠們剩下的。」

一次，德勇師父驚喜地看到一幕，「烏頭翁會教育下一代怎麼覓食。」那時菜園的青花菜菜苗剛生長，烏頭翁喜歡吃它的嫩心。成群的烏頭翁中有隻成鳥，德勇師父稱牠為「班長」，先來勘察菜園。當群鳥吃著菜時，班長只在旁邊守著，「一隻晚來的幼鳥，直接飛過來要吃嫩心。那隻班長立即飛過去糾正牠，啾啾叫地把幼鳥帶往旁邊去吃別的……」

「中間那棵心是成長的主幹，如果被鳥吃掉，那棵菜就長不成了。」所幸這些蔬菜是有機栽種的，不噴灑農藥，也不防鳥兒覓食維生，牠們因此留下新苗讓其生長，彼此共生共存。

「只要多一分用心、細心與耐心，不起分別就能妙觀察智。」在菜園裡，德勇師父微觀眾生相，而眾生其實也在觀察著人類。

德勇師父負責的菜園，在靠近陶慈坊處有一小塊土壤凹陷，容易積水。一日大熱天，他才幫一棵菜施肥、澆水，隔天竟然死了。為一探究竟，德勇師父將根部的土挖開，發現成群的螞蟻在土壤裡做窩。「植物靠著根鬚吸收水分，大熱天的，螞蟻住在裡面陰涼又安穩。」然而，螞蟻為了做窩，搬動了菜的根鬚，結果菜就往生了。

日後，德勇師父和志工在菜園拔草，其間看到一條「路」，很多螞蟻行走其上，「螞蟻造路還是彎曲的。」緣於大熱天，德勇師父擔心螞蟻在土裡破壞菜的生長，因而大力鬆土；鬆了土，螞蟻窩晒到太陽，興起搬家計畫。「牠們搬家是為了保護螞蟻卵，延續下一代。」

德勇師父一邊拔草，一邊觀察螞蟻搬家的動線。從起點到終點，若走直線可省時省力，但牠們不惜拐個大彎，「怕螞蟻卵晒到太陽，牠們選擇能夠遮蔭的葉菜底下路線。」

「萬物的道理，是大自然教會我們的。」德勇師父引伸佛陀為了尋求解脫，出家修行，「他五年參學，六年苦修，沒辦法開悟，而後在菩提樹下，靜思宇宙萬物間的種種道理，明心見性，覺悟成佛。」

「何期自性，能生萬法」，出自六祖惠能體悟，「自性能生萬法，萬法是一，就是自性，就是自己。所以自己與眾生是一體，利他就是利己，彼此息息相關。」

## 以清淨歡喜心執事

「萬法唯心造。」德勇師父接著說：「每天你都很法喜，就身在菩薩的境界。」以前學種菜，資深師兄會教他們每天快快樂樂地對它們說話，菜就會充滿正能量。

「一切唯心！以『清淨心』注入在菜裡。就像我以前煮飯菜時，用心念佛，煮出來的飯菜真好吃！」德勇師父表示，若能以恭敬、歡喜心來承擔典座執事，吃的人也會感受到那分真誠；同時在烹煮的過程中，能讓心定下來而不慌不亂。

例如，用齋時間將至，大寮裡如火如荼地燒著菜，彼此之間也易摩擦發火，「有時洗菜組進來想問要洗多少菜量，典座若正在忙，會希望不受干擾，等煮完再說。這時若沒有佛法浸潤，容易聲色不好。」德勇師父因此體悟修行的重要，如何由戒生定，因定發慧，由慧得解脫。

提到洗菜組，其前一關是挑菜。德勇師父感念終日不離挑菜區的老菩薩們，「她們不論春夏秋冬，尤其冬天挑菜，久坐又得忍受寒冷。」又如早期上人對挑菜、切菜，一定要寸菜，要求甚嚴。

而洗菜組也要負責摘菜。早期，隔天要去摘菜，前一天會先查天氣預報，「下雨天比較不容易存放。」然而有次下雨天，輪執洗菜的師兄弟決定如常去摘採，「換個心境，就當作遠足，看看四面八方的天地，也是摘得很快樂！」

若遇上颱風來襲，摘菜更難能懈怠。常住眾會在颱風來的前一天動員，把田裡的菜全部採收完，存放到冷藏庫裡，「以前的冰箱空間很小，怎麼『疊』是功夫。一籃一籃的菜可以疊得很高，靠的是眾人的力量。」德勇師父說。

輪執大寮、洗菜、摘菜等，皆含括在出坡組事項；每日的出坡，會有每日的目標要執行，「出坡，就是集大眾的力量，把當日的工作完成。要做的心生歡喜，就是從做中、境界中，由戒定慧中，體會解脫與自在。」「每個人的處事方式不同，比如拔草，有人認為個別零散的拔，沒有效率；有人認為你拔這一股，我拔這一股，這樣合力起來就很快。」德勇師父了悟這是破我執的好機緣。

早期在舊大寮，煮飯菜用的是灶，燒的是柴，所以出坡也包括載柴和劈柴，「那些我們都經歷過，也做得很歡喜。」德勇師父舉「性、相、體、力、作」，每個人有不同的體性與相狀，柴也是一樣，「木柴有分猛火和慢火，滷東西要慢火的柴；快炒要用猛火的柴。」

鳩摩羅什所譯《妙法蓮法華經．方便品》中「十如是」：「所謂諸法，如是相，如是性，如是體，如是力，如是作，如是因，如是緣，如是果，如是報，如是本末究竟等。」乃從十種不同角度說明，唯有佛，才能夠完全了解的諸法實相，實乃藏法於日常生活中。

**藉事練心，信解行證**

德勇師父小時候，父親與朋友合夥生意失敗而欠債，家人飽受人情冷暖，卻也受到慈濟志工諸多的關懷，父母後來成為慈濟委員，她自國中便跟著外婆做環保。從小耳濡目染慈濟種種的德勇師父，因此心思到靜思精舍出家。

因家裡需要幫忙，母親請她再等一等。這一等便是一年，「等待過程中，有很多考驗。」她的考驗大都來自夢中，「夢裡考驗我到底有沒有堅定的道心？」

夢境與等待，終化為現實，她在二十五歲時成為靜思精舍近住女。起初跟著輪執大寮，刀不會拿，菜也不會切，扞鼎灶更是沒聽過，也考驗著資深師兄的耐心。

一次，資深師兄德倅師父見這位新人什麼都不會，十天的大寮執事，便只叫他切菜，其他事都不用做，「師兄想把我訓練成切菜高手，但我是來修行的……」德勇師父納悶。

「這孩子不懂得發好願。」德倅師父提醒他。

「所以，我每天一進大寮，就是切紅蘿蔔，然後切薑，其他事都由倅師父幫忙做了。」德勇師父說。

歷經十天，德勇師父切起菜來又快又細，德倅師父見狀，點頭了。「雖然大寮的執事壓力很大，但回想起那些人事物，很是歡喜。」德勇師父樂於在做事當中，不只有法的體驗，還有人與人之間藉由事相磨鍊而來的樂趣。

他經三年半近住女的磨鍊，二〇〇一年十一月圓頂，法名悟勇，字德勇。輪執二十幾年後，他思及唯有「園頭師」沒做過，既然無量法門誓願學，也因菜園所需，於二〇一九年轉換承擔菜園執事。

「固定在菜園，可以體會到《華嚴經》的境界，最重要是歡喜心。」德勇師父舉例蔬菜從播下種子、灌溉，看到它的生長，歡喜之心油然而生，「來幫忙的志工說，像在顧小孩，顧到好大一棵，長得很漂亮就很開心。」

「菜園執事如果經常輪替，可能會是一種危機。」德勇師父感慨因極端氣候，有機菜園的病蟲害增多，加之颱風來襲，物價便上漲，尤其葉菜類又貴又難買到，噴灑的農藥也多，「所以一定要有人承擔起種菜，如果有人想學，也可分享種植的方法。」

「大眾健康很重要！」德勇師父表示，「修行雖然必須放下我執，但也要照顧好色身，善用色身這個載道器，身體力行，精進修行。」

有機蔬菜並不好種，尤其當前面臨極端氣候，「像十字花科的青花菜、結頭菜和高麗菜，以前十月就可種植，作為冬天的菜。可是二〇二二年十月中還很熱，病蟲害就多。」

大熱天裡種菜，要能堪得住高溫，汗流不息；冬天縮短了，「但是很冷，冷到讓人想到佛經中的地獄。」地獄裡的極寒、極熱，雖是心所幻化而生，然而色身所感，亦是歷歷分明。

一次，某道場的在家居士到靜思精舍參訪，見到偌大的菜園甚為驚訝，「您們才幾個人要管理那麼大的菜園，要是我們沒辦法。您們好辛苦！為何要這樣做？」居士問道。

「其實是法門不同。上人說的信、解、行、證，是在如實去做的當中，獲得了解而證悟。」德勇師父並強調，「那個『證』才會足夠深刻。」

## 菜園裡的生命教育

平日裡，靜思精舍常有會眾參訪。參觀菜園時，向他們說起烏頭翁吃菜的故事，也能引起一陣樂趣，「菜園也可成為教育站。」德勇師父說。

德勇師父出身慈濟家庭，他的外婆謝玉英擔任環保志工四十幾年，帶動起慈濟五股環保教育站，人稱「超級阿嬤」；德勇師父因而思惟——菜園教育站。

「大自然的眾生教會我們許多的道理，只要我們放下執著。」誠如人性，動物也有其自性，植物也有。有的植物很怕熱，但有的植物如莧菜，是夏天栽種的。

德勇師父記得以前栽種紅莧菜時，慈師父總教他正熱天要去澆水，會長得愈漂亮，「尤其是正午大熱天，我已經很累了，用完午齋還要去澆水？」他如實照辦，「果真長得很漂亮。」他也曾種過白糯玉米，當準備結穗，是金龜子和蜻蜓來授粉，「我沒看過這麼神奇的景象，不是蜜蜂哦！」

慢慢的，很多玉米穗都長了出來，那景象真美！然而不是每株玉米都能順利結穗，「有的被螞蟻從根部咬斷，就倒下折斷了。」

他覺得可惜，把它撿起削掉外皮，咬一咬，「很甜。」後來方知早期師兄們種玉米，遇上颱風，倒了不少。可惜之餘，把它們搬回精舍，削皮後熬湯或煮菜，「這般的惜福愛物，應該傳承下來。」

「其實任何執事，只要我們是以菩薩信解行證的信念去做，很多的道理，都會回歸到自身的。」

回想當年初到精舍，寮房工程「三十三天」正要開始。常住眾為省經費，自做小工、協助灌漿……承擔不少非專業性的工程。德勇師父笑稱，若早知要做這項工程，就不敢來了。

「如果知道的話，到底待不待得下去，自己也沒把握。」然「三十三天」

工程於一九九八年四月十四日完工，經歷二分之一工程的德勇師父，至今仍未退轉。「一切唯心。因為不知道而來了，之前妹妹說我不用半個月就回去了；為爭這口氣，我沒有退縮。」

「我有明珠一顆，久被塵勞關鎖；今朝塵盡光生，照破山河萬朵。」宋朝茶陵郁禪師的悟道詩，是他在夏日烈陽下拔草的心境。一路行來，前有輪執的歷練，再到園頭的觀照，不斷地熏修，積累資糧，智慧方生，才能照見真如本性。

## 洗滌習氣去我執

**固執己見，往往傷人也傷己，「辣椒要去籽，才不會辣得讓人受不了；做人就要『去執』，才不會傷到人。」——德佺師父**

一九九四年德佺師父成為靜思精舍近住女，每逢過年或有慈濟列車到精舍參訪，總會有用餐人數與菜餚用量超乎預期的情況。此時所有常住師父會齊聚大寮，由德和師父或較資深的師父分配工作，彼此合和互協達成任務。

「那時還沒有社區志工來幫忙，我們盡力在時間內完成，讓每位會眾都能享用到精舍的菜餚，感受到回家的氣氛。」德佺師父說。

有時突發狀況在所難免，過程中也不免彼此的想法和做法不一致，但眾人仍齊心合力完成，「這種種的經歷，回想起來都很感人！」

## 理事圓融去我執

靜思精舍的執事是眾人輪執，即使不曾做過的，也都從不會學起，直到上軌道。有段期間德佺師父承擔菜園的聯絡窗口，「我什麼都不會啊！如何承擔這份工作？」因為不會，他更加用心學習。

「那一年，菜園種了很多辣椒，每天都採不完似的，又常趕著去上晚課，難免漏採一、兩條。」有回他發現一條長長的辣椒，像中了頭獎般，高興地與一位師兄分享，「我今天看到一條好大、好大的辣椒！」

師兄回應：「辣椒長得太大，會變得很辣。」

「怎樣處理才不會太辣？」

「去籽就不會太辣！」

當下，德佺師父想的不是如何為辣椒去籽，而是反觀自省，常常在做事時執著己見，「甚至在卸下窗口後，對接手的人不照著自己的方法保養、清潔耕耘機，很有意見。」

這般的「我執」，往往傷人也傷己，「辣椒要去籽，才不會辣得讓人受不了；做人就要『去執』，才不會傷到人。」德佺師父意識到自己的習氣。

菜園在播種前要先整地。曾經一位常住師父俗家的哥哥來幫他們耕田，他在前面翻土，德佺師父跟在後面撿石頭，「師父，不好意思啦！我不耕耘翻土，您就不用撿得那麼辛苦了！」那位大德略感歉意地說。

德佺師父回應：「我要感恩你，如果沒有你幫忙耕耘翻土，石頭就不會被翻上來；石頭沒有撿乾淨，會妨礙到蔬菜的成長。」

「石頭就像我們內心的習氣，自己看不到；當別人指正時，我們是否抱著感恩的心呢？」德佺師父在菜園裡常發現，有的區域一畦畦的菜籽冒芽了，偏偏有些區塊的菜苗就是不會長。經仔細觀察，原來是被石頭壓住了，「就像我們的心被無明煩惱壓住，法雖然聽了，但煩惱習氣沒有去除，內在的菩提苗就無法成長。」

一次，蔬菜播種後，園子裡還有很多石頭，德佺師父邊撿石頭邊往前扔。身旁的近住女不敢說他亂扔石頭，一位師兄便提醒他：「佺師父，您能不能用一個袋子把石頭裝起來？」

這句話點醒了德佺師父：「當我們在發脾氣、大聲講話時，不就像這樣，隨自己高興撿起石頭就扔，卻忽略造成他人的困擾。」這件事讓他學會保持警惕，要時時注意自己的聲色言行。

## 戒定慧修行三資糧

一年夏天，德佺師父輪執菜園出坡，通常十點半已炙熱難熬，大家便提早收工。有次，他想趕快把那畦菜園的草拔完，當大家都離開了，他仍留下繼續拔草。忽然間身後有陣聲響，回頭一看，一位師兄正跑過來。

「你怎麼沒有回去？」德佺師父問。

「看到你要拔這麼多的草，沒有跟著一起拔，你要拔到什麼時候？」師兄說。

德佺師父當下很感動！「因為這位師兄偶爾也滿固執、很難溝通。」然而他心念一轉，「我們總是放大別人不好的一面，其實人人都有優點。就像精舍的那道圍牆，只是簡單地用石頭砌起來；每個人只要擺在對的位置，就能夠發揮功能和良能。」

所以石頭擺在對的地方，也成了一件藝術品。「生命的價值為何？就像一部風扇轉不動了，是不是就丟棄呢？將它一一拆解，有用的小小零件還能繼續發揮功能。」德佺師父接著詮釋。

器具如此，人亦同理，「在人生不同的階段，我們扮演為人子女、手足、父母等不同的角色，直到往生那一刻，還能器官捐贈，甚至大體捐贈作為模擬手術教學，不也是充分發揮生命的良能？」

承擔菜園執事的常住師父，常想著改良土壤，朝有機種植，便著手使用有機肥料，「有志工教我們用黃豆渣、花生渣及米糠，製作有機肥。」「蔬菜的生長，主要需要氮、磷、鉀等元素，才會長得美又健康！」氮的來源是黃豆渣，能使菜葉長得翠綠、健康；磷來自米糠，可幫助葉菜開花；花生渣的鉀元素能幫助葉菜的莖梗堅實。

「有機肥如果做不好，除了會長蟲，氣味也難聞。」有次德佺師父在做有機肥，有人走過都會好奇地問他：「佺師父，你又在做什麼？」只因氣味難聞。

「我在加油啊！有機肥偶爾會做不好，不是每次都成功。」德佺師父深感歉意。

正巧那日證嚴上人晨語開示，「我們修行者一定要勤修戒、定、慧。」德佺師父頓然領悟，「蔬菜需要氮、磷、鉀元素，才能成長得好。修行者如果沒有守好戒、定、慧，就會像沒做好的有機肥，彷彿整個精舍都聞到一股臭味。」

他進而思惟，唯有下雨天時，把有機肥倒入田裡，用雨水來沖淡氣味。而在日常生活中修持戒、定、慧，也要靠法水來洗滌自我的習氣。舉手投足之間，時時不斷地自我觀照、修正；習氣洗滌掉了，才能成就「人格」。

（資料來源：大愛電視臺《證嚴法師法音集》、《羽光片影》）

# 總務

**道場如同家，生活中衣食住行難免。文物禮品、生活資材、衣物作坊、設備修繕、總機及交通等，透過修行，藉事相而顯實相，回歸真如本性。**

「各位常住師父、師姊、清修士菩薩，請現在有空的人，一起幫忙洗被單。」早齋過後，耳邊傳來總機師父重複兩次的廣播。

當大家踱步來到舊齋堂外的水槽邊，長長的水槽上，已依序擺好洗衣板，和一堆堆浸泡後的被單。大夥兒依著洗衣板，拿起溼重的被單，反覆地搓揉清洗。

洗好後有人負責收走，脫水完再集中送至文化走廊的頂樓，或是慈誠樓頂樓，將一件件的被單，晾掛在晒衣桿上，或鋪在屋頂上和太陽能板上晒乾。

每月一次的被單大清洗，是靜思精舍的日常。若逢春秋、夏日、冬天大換季時，更是常住眾集中人力，把洗晒好的被單，送到三樓的走廊上鋪開。然後兩兩一組，合力將被芯裝進被套裡，並一一捲縮裝入護套，最終全部送往頂樓的倉庫，連同當季的陽光一起收藏。

無論是水槽邊的清洗，屋頂上戴著斗笠晒被的隊伍，或是長長走廊上，眾人齊力裝被套的景象，都是群策群力的展現。如今這些做法，已不復見。

## 做好工作並自我精進

「以前爬屋頂、走屋頂的……」德佺師父口中那些走入歷史的早期，不過是十幾年前的往事。而二〇一二年出家的德愔師父，僅能從前輩口中聞其個中滋味。

「那時被子少，差不多一百多套。」德佺師父說。

「現在變多了。」早上或假日有空時，會來幫忙的德愔師父補充。

「目前慈誠二樓有兩百一十套，三樓改為隔間後有四十套，還有客房十套，合計兩百六十。」德佺師父不假思索一一道來。

「男眾寮房有一邊四十五、一邊二十四，還有一邊十二；三樓一間四十八，另一間是二十四；執勤中心可安單二十床；諮詢那邊原本二十四床，防疫期間只安排六到八床。」

「還有外圍協力廠一個八床、一個兩床、十床……」分處各區寮房的被套數，德佺師父如數家珍。

「還有大寮裡，進入冰箱穿的雪衣也會拿來洗。」德愔師父又幫忙補充。

「還有活動用的桌巾、椅墊；知客室和會客室的椅墊；感恩堂的坐墊和椅墊。」德佺師父接著細數。面對繁瑣的工作，他只有一個心念，就是把工作做好，做的每一件事都是供養回來的「家人（志工）」，同時也精進自己的修行。

春季忙完，輪到夏季，夏季忙完，接著冬季……「每一季不一樣。像冬天就會有棉被、棉被單及墊被單要處理；春秋的時候，就是秋被、秋被單……」德愔師父繼續補充。

管理棉被是總務其中一項執事。早期都由常住眾合力完成，然隨著農耕範圍擴大，人力有限，加上常住長老愈加年長，因而將棉被歸為固定執事。

德佺師父早期管理過棉被七、八年，二〇〇六年轉而承擔菜園和粉間；二〇一六至二〇二三年再度承擔管理棉被。他說：「我都隨著因緣，到哪裡就做哪裡。」

德佺師父猶記得當年卸下總務時，曾想「再也不做總務了」，然隨順因緣又轉了回來，「一切都是因緣，安住當下，用心在當下，人事物都圓滿了就好。」

再次承擔總務執事，項目已重新劃分，有文物禮品、生活資材、衣物作坊、設備修繕、總機及交通等。德佺師父與資深德愉師父一同承擔總務窗口。

德佺師父固定承擔「生活資材」這項，全精舍的棉被管理是最大宗。終日從出坡時間起，他便是送被、架被、消毒、滅菌、洗被單、晒被單及收被單，「如果有陽光就會拿出來晒，再收起來。」

「一床一床的架上去！」架被、消毒、滅菌，是因應 COVID-19 防疫的新工序。這是將寮房和倉庫裡的被單，一床床地高高架起，以紫消燈（臭氧）消毒、滅菌，完成後再集中清洗。

「從早到晚，來回走很多趟，上樓下樓的……」可謂是體力、耐力及毅力的磨鍊。

「他一向隨緣，有人力就來，沒人力時就自己做。」德悎師父得空便來幫忙，或有志工前來協助，德佺師父才稍能省力。

「表面上只有我一個，其實是常住眾共同一體；若只有我一人做，大概三年就不堪負荷了。」德佺師父說。

## 執事中體悟事理相應

如今被單雖已改由機器洗滌，但晒被、收單、入被等，仍得人工作業。「數大便是美！」晒被單是很美的一個場景，「很莊嚴！」德佺師父說。他和德愔師父把被單一層、兩層，同一方向、同一面地披上桿子，高度一致，四個角拉出來，角對著角拉齊，「乾了後才好收，又整齊。」

要把十件、五十件、一百件等被單，整齊地收下、放好，必須有方法。在「因」時便先想好、做好，收單時便可省時省力，得到好結「果」。

被單處理最後程序是裝上被芯，送庫藏。待有人來安單，再取出使用。德佺師父對佛法的領悟，也體現於裝被芯的做法，即兩人一組，如何摺與翻，三個動作，被芯即可裝入被單，可謂舉手投足無不是禪。

「以前要三變淨土，現在一變淨土就好了！」三變淨土出自《法華經・見寶塔品》。釋迦牟尼佛在靈鷲山宣講《法華經》時，多寶佛乘著寶塔前來見證。眾人為見多寶佛一面，欲開塔門。釋迦佛欲將法歸位，集合十方分身諸佛，以神力三度將娑婆穢土變為清淨國土，是為「三變淨土」。

精舍的總務工作林林總總，平時須留意日常用品的用度和補足，看似容易其實處處均需用心，「尤其辦活動或逢年過節，要趕緊備好足夠的量，以滿足大眾的需求。」正因總務工作的細瑣，讓德佺師父更加用心，在執事中處處體悟事理相應。

精舍寮房常用的寢具有墊被、蓋被及枕頭三種，枕頭套是每十天換洗；女寮和男寮的被單則分別在月中、月底換洗。這些都是出坡的執事之一，由常住眾共同承擔，非一人可獨力完成。

每次更換的被單為數頗多，會推至頂樓集中清洗。被單放進洗衣槽時需翻動，「一件被單，不覺得有異味，堆積了一定數量，就會有股難以形容的味道；我們的習氣也是這樣，一點一滴累積而不自覺。」德佺師父反觀自照。「被單經過反覆洗滌，尚能清洗乾淨，而我們每天薰法香，是否覺察到內心的無明習氣，並下定決心去除呢？」

## 每件工作都是我的工作

花蓮的天氣潮溼，尤其冬季常下雨不斷，近幾年溼氣更重，裡被的白色被套常因此變黃、長斑點。常住師父會在七月時，將所有白色被套一一拆線，加以清洗、晾晒後再裝進棉被，並一針一針地縫合。

若裡層的白色被套沾有汗漬，德佺師父則需「個案處理」，視汗漬的情況使用不同的清潔劑，「也許是強力洗潔劑、酵素，或去漬粉。器物如此，人不也一樣嗎？常言『人人本具清淨本性』，如果不去染著，又何需佛法？」

晒過陽光的被單收進倉庫，被香會充滿整個空間。若擔心被單弄髒而不取出來使用，便淪為擺放好看而已。被子的功用是溫暖人的身，如同付出善與愛能溫暖人心，「正如上人宣講《法華經》，期勉人人身體力行，才能發揮生命的良能與價值。」

每天的工作都要反覆地上下樓，從這棟走到那棟，清瘦的德佺師父怎堪負荷？「我是太陽能自動充電。」德佺師父急轉幽默。

「就是一念很單純的信念。上人要我們認清楚這個道場是做什麼的，我的依止師父在做什麼；決心來到這個道場，常住要我們做什麼，我們就做什麼。」

德佺師父舉《法華經》為例，由引導方便法（聲聞、緣覺和菩薩三乘的教法）而進入真實法（佛乘），藉事相而顯實相，如何透過修行，回歸真如本性。「就像晒被單，要同一個方向，高低要一致，彼此調整齊了，就是一個和合道場。」

「藉著管理棉被的執事，反觀自省有沒有如實的修行，去除習氣？並提醒自己，回歸真如本性的修行方向。」德佺師父說。

一九九四年德佺師父成為靜思精舍近住女的那天，大師兄德慈師父向他道喜並叮嚀，「今後每一件工作都是你的工作，每一項『代誌』攏是你的『代誌』。」當下還他無法體會。在往後日常輪執中，他終於領悟既然選擇依止這個道場，這個道場就是家，雖說出家人處處無不是家，然生活中衣食住行難免。

「我的生活就在這裡，這裡就是家。既然是我們的家，每件事情都是我的事情。我每天就是這樣思惟，每件事都做得很歡喜。」德佺師父表示，精舍的執事雖有分工，然需要幫忙時，彼此都會相互支援、合作。

## 耐擠耐壓，成就他人

◎釋德修

記得當時是夏天的下午兩點多，三十多度高溫，德佺師父就在鐵皮屋的倉庫裝被子。鐵皮屋沒有窗戶，只有一扇窄門，在密不通風的倉庫裡裝棉被一定更熱。

佺師父是以惜福愛物的心，要將晒過陽光的被子一件一件收好，等到冬天取出來，才能讓志工們蓋上暖暖的被香。師父對我說：「棉被穿外套是防潮，蓋帆布是防塵。外套和帆布的層層保護，就好比修行的戒律，保護我們身口意的清淨，不為無明煩惱所染汙。」

協助將晒好的冬被放入倉庫，每件棉被穿好灰色背套後就往上疊，一疊五十件，疊得比人還高。我們往往只看到疊得整齊有道氣的棉被，沒注意到壓在這五十件棉被底下的是什麼？疊棉被時，師父先備好大橘桶，將三件白色沒穿被套、晒好的棉被對摺再對摺，擠壓放在橘桶裡當地基、墊底。

師父表示，做人就要學習這三件棉被，心胸寬大，甘願犧牲；不能因別人都可以穿灰色背套，而心生不平。還要耐擠、耐壓，縮小自己，成就別人。人家不要做的事，我來做；別人不能忍的，我都忍下來。

早期精舍人力少，自力耕生外，還做慈善救濟。慈師父他們四個人要耕種三甲的田地，早餐往往最後一口還來不及吞下，就趕緊起身下田工作。半夜裡也不能好好休息，要輪流起來巡田水。一次慈師父在耕田，因長時間曝晒在大太陽底下而暈眩，想休息一下；不到幾分鐘，想到其他師兄弟還在田裡，怎麼可以休息？隨即咬著兩塊蘿蔔乾，又回到田裡去。

這群長老師兄就像櫥桶裡的棉被，徹底地犧牲，沒有自己，全心全意地奉獻僧團，沒有自私的小我，只有無私的大我。我們現在能有這麼好的修行環境，要懂得飲水思源，感恩過去長老師兄們無私的奉獻！

待冬天來臨，這五十件棉被取出倉庫讓人暖和時，壓在最下面的三件白色棉被，一樣能穿上灰色被套給人溫暖的功能。不要害怕被踩、被擠、被壓，不被看到；發揮良能的法性是永恆存在。

# 安住當下一念心

**修行並非一直誦經或拜佛，而是在生活當中，全方位的進行；是一種安住在當下的心境，工作照樣做，但不被外境影響。——德宜師父**

一九八五年，靜思精舍大寮入口處，兩口大鼎（鍋）安在磚造的灶上，高度堪比德宜師父的腰間以上；面廣底深，各能炒上五百人份的量。個兒小的德宜師父要翻炒這大鍋菜，使力困難。

他找來了空心磚，雙腳墊踏其上，對著大鍋揮動著大鏟。當時靜思僧團不過十來人，一餐齋食五桌；此前一年，典座還在用大寮內一口約三百人份量的鍋，隨著慈濟醫院建院藍圖的逐步實現，而日漸不敷使用。「每月的全省慈濟委員聯誼會，很多會員也跟著來了解，人越來越多。」德宜師父說。

花蓮慈濟委員請求證嚴上人應允加鍋子，以因應人多時能及時供應齋食。「大概一年多後，上人才答應在外面增設。」

增設的兩口大鍋，能煮上千人份的便當，用的柴需裁得較長，方能到達鍋底的中心點，「那裡的燃點最高，火力才好掌控。」德宜師父表示，那時燒的柴是去木材行撿廢料回收，晒乾後再用柴刀劈或手鋸。

這兩口大鍋，在花蓮慈濟醫院啟用前，發揮很大的功用，「委員聯誼會在靜思堂開會，加上許多會眾參訪，便當都從精舍打點好送去，每一回都上千個。」

德宜師父第一次來到精舍，跟著出坡、鋸木頭，穿的是裙子。上人見狀請一位弟子幫他做套衣服，「換長褲，不要再穿裙子了。」

早期幾位靜思弟子出家前，都是便服隨眾修行，出家後才改穿僧服。後來上人請德仰師父用惜福來的布料製作居士服，德宜師父便成為精舍首位穿居士服的弟子，並在德宣師父隨師後，拍板定案。自此靜思精舍近住女，一律身穿灰色居士服。

## 為找尋生命的真理

德宜師父十四歲時母親往生，「人來世間，就這樣走了，又走到哪裡去呢？」她內心始終盤旋著對生命緣由的問題，卻找不到答案。

哲學和道教的書籍，只要與生命有關的都去涉獵。中學畢業後，他們舉家從嘉義遷到臺北。德宜師父年約二十歲，工作一陣子，也接觸了佛法，便嚮往修行找尋生命的答案。

她買了張地圖，心想臺東山林多，適合修行。七月仲夏，搭上火車，從臺北往臺東而去。在人生地不熟的臺東，找到文具行的工作，遇上了黃玉女老師。

黃玉女是慈濟委員，告訴她花蓮有位慈悲濟世的師父。德宜師父在十月的一日休假，乘著夜車，在日升之時抵達花蓮。在靜思精舍見到證嚴上人，恍然熟悉之感。

上人問她有何想法？她回應：「我想要修行。」上人請她看看環境能否適應？

「那時只有精舍一棟，周圍都是田地，很寧靜。」德宜師父思忖著，不少道場以辦法會居多，少有道場的環境像靜思精舍，是在工作中修行，「這裡好像自己的家，又可以探討真理，我覺得很安心！」

「沒多久，我打電話來表達想要修行。」德宜師父的請求被應允了。兩個月後，一九八一年十二月入住靜思精舍，上人提醒她打電話告知家人。俗家父親接到電話，隔天即從臺北趕到精舍。

「爸爸希望我即使想修行，不要離家太遠。讓我先回家，考慮好再來。」俗家父親與上人懇談，讓女兒先回臺北照顧阿嬤。上人非常贊同：「這是應當盡的義務！」

臨近農曆春節，德宜師父的俗家親人來帶她回家。上人請一位慈濟委員，為德宜師父購件洋裝，「上人用意是讓我穿回家給爸爸看，讓他放心上人會像父母一樣的照顧我。」

兩年多後，德宜師父的阿嬤往生，她修行的心未減。一九八四年初，再度來到靜思精舍，「不久，正逢花蓮慈院第二次動土。」

隨著慈濟醫院的興建，慈濟委員與會眾參訪日漸愈多，有時用餐數量或住宿等訊息，傳達至精舍時已晚，然常住眾皆齊心合力，分頭準備，相互補位。

「除了大寮典座，包括寮房整理、棉被鋪陳、燒熱水等，我們都會主動張羅，不用指派。」年方二十三的德宜師父是常住眾裡最年輕者，他跟著資深師父做事，學習主動承擔。

最年輕者也常在每月《慈濟》月刊包裝時，被安排坐在上人旁邊；緣於上人包裝完一批月刊後，需有人趕快補貨。德宜師父表示，「上人做事又快又整齊，看不出來在趕，可是沒人追得上。我幾乎只能補貨，根本沒時間包裝。」

常住眾十幾人，除了輪執典座一人外，其他執事或出坡都是全員到齊。正值精舍承接高週波嬰兒紙尿褲的加工，他沒做過，學就對了；到田裡種菜、拔草，他跟就對了。

精舍早期耕作，都用鋤頭翻土、除草，「除草時一人一列，左右兩邊看，很怕跟不上。」德宜師父說：「下田時很少講話，都靠眼睛觀察，有好技巧，趕快默默地學。」而種菜都用傳統農耕方式的水肥，即糞坑裡的水，「第一次提水肥，晚餐吃不下。」

**生活工作也是修心**

一九八四年初，德宜師父再度來到精舍；同年九月十一日，他圓滿出家心願，法名悟立，字德宜。

此時精舍人力少，所有執事人人均得輪執。晨夜時執香燈，起板喚醒大眾起床；接續扣鐘，執維那。早課下殿，早齋用完，接著出坡，約十一點半前收工。

午齋後，午休。下午準備晚課，「整理大殿、蒲團、摺經架，那時還沒有字幕投影；還有抹環香，及整理燈燭。」晚課結束，準備隔天的供佛物品。

約晚間七點或七點三十分，全員到辦公室，或為蠟燭加工——拆養樂多瓶膜或以玻璃紙包裝；或為嬰兒紙尿褲對摺，為壓邊加工前的準備；或將功德款劃撥單依縣市鄉鎮分類、裝信封，以減輕郵務人員的作業。直到晚間九點，打鼓、敲鐘，及至安板。

出坡農耕之外，還做各項手工。高週波嬰兒紙尿褲外，還有用養樂多的瓶子，做不掉淚的蠟燭，「養樂多瓶子是到北埔一家回收廠挑揀的。」「還有洗被單、晒豆子，做豆元粉。」豆元粉的材料有薏仁、紅豆、黃豆等，都要清洗、曝晒；晒好用以爆香、磨粉，然後打包。而大太陽底下晒豆子，中暑是常有的事。他們常以刮痧，或飲用烏龍茶泡紅糖水來解暑。不論是中暑或高週波觸電，德宜師父認為都是小事。

出家前，德宜師父很多工作都不會做，因此狀況頻出，「炒好菜，忘了放鹽放油，或是鹽巴放了好幾回。」有次他想煮菜心，正喜於會「開菜單」了，早齋行堂結束，匆忙趕到菜園，把眼前的菜一棵棵地折斷帶回。一位師父見狀，「怎麼把這個菜折斷了？」德宜師父認為這菜的葉子可作青菜，梗可當菜心料理。這位師父請他是否剝得出菜心來？結果剝了個空心，沒有梗。

又一次，他切著菜，除了不識得菜性，也不識得菜刀用法，急急切下後，下鍋炒煮。不意那道菜上了桌，上人夾起長長的一條，有切卻沒斷。

上人請同桌的弟子瞧瞧，「你們整桌的人要教他。」德宜師父非常感恩上人，「幫我找了好多指導師父，只要做任何事，他們都會來幫我。」還有每月的藥師法會與發放，及不定期舉辦打佛七。人力少，工作多；曾經德宜師父晚間回到寮房，累了仍不敢躺下，依佛門儀軌，安板才能躺下。伸手欲拉被子，手還未觸及就已睡著。「隔天早上醒來，被子還好好安置著。」

如此快節奏的生活，充實的日常，德宜師父卻覺得很專心、安心！「我們靠自己的體力跟時間自力耕生，所以很踏實、很安心！」

德宜師父初到精舍，上人曾對他說：「要念茲在茲。」無論做什麼工作，心思就要放在那裡，包括走路、講話都要專注。「直到現在我仍覺得『念茲在茲』涵義很深，可以連貫到生活的每一個點。」

「上人期許我們工作，也是在修心。」德宜師父體悟上人的教法如實，「修行不是一直誦經或拜佛，是在生活當中，全方位的進行；是一種安住在當下的心境，工作照樣做，但不被外境影響。」

## 培植福慧化除煩惱

當初會來靜思精舍，是基於渴望修行，找尋生命的答案。出家至今已四十年的德宜師父，感動於從佛法中體悟到境界的寬廣無邊，「用開闊的心，來看待日常生活中的人事物，不要將自己捆綁得那麼辛苦。」

「如何突破這狹窄的面，勢必從自心下功夫，才能跨越這道癥結點。」德宜師父從經典中體認人生多「苦」，而苦是「集」自人心的無明、煩惱和欲念；既知苦的成因與源頭，就要收攝心念，用心修持佛法，從根本「滅」苦，歸向清淨佛「道」。

「面對外境，若一直起心動念，即是內心的一種執著。相對的，是在自找麻煩、困惑自己。其實萬事萬物，是隨著因緣不斷變化，無法隨心所欲一直擁有。」他相信凡事皆是因緣，不去妄想、煩惱與執著，認清實相，就能隨緣豁達。

如同他當初從臺北乘車到臺東，認識了黃玉女，才知道花蓮有位證嚴法師，因此尋道而來；因緣促成了德宜師父圓了出家心願。他非常篤定，四十年前的那一念，「還沒學佛前，雖然生活看似與出家相近，但價值觀是完全不一樣的，取捨的角度也不一樣。」

「如果沒出家，會希望未來生活過得更好，會想擁有些什麼，然後永久的延續和保有。」出家後的德宜師父認為，凡事夠用就好，而且生命無常，便不會有強烈的欲念去擁有。

「一切夠用就好，但也要積極去培植福德。」要如何培福造福？終日忙碌於精舍日常的德宜師父認為不難，「上人開闢這個道場，日常生活的待人處事，處處都可以結好緣。」

因此，他「念茲在茲」上人的叮嚀，「該做的要全心全意。今天的工作白天做不完，晚上繼續做；今天做完，還有明天的工作。每一天都要陶冶自己的心性。」

「上人不只照顧我，還有法水的滋潤，是無微不至的。法水滋潤慧命，恩德更大。」德宜師父很清楚這條修行路是往前走的，不會後退，「能夠聽聞佛法，很殊勝！讓生命踏實而堅定。」

學佛不是特別去增加什麼，也不是去減少什麼，一樣平淡的生活，但是不同的面向，價值觀便不一樣。然而也非不增不減，應無所住而生其心，「該去增長的福慧，要去培植；該去滅除的煩惱，也要化除。」他說。

「上人反覆教導十二因緣、因緣果報，我們要清楚明理，朝此方向好好修行。」德宜師父也鼓勵眾人，「自己的內心要很清楚，才能很平靜、很坦然地往前走，並守護這條修行之路。」

# 工作道場好修行

**每個工作都是一種道場。雖然精舍執事與外面工作有些相似，但少了名與利，只是很安心、很單純的把工作做好，這就是修行。——德宿師父**

坐落在田園間的靜思精舍協力工廠，後方有一條綠色長龍的圍籬，形成天然屏障。那是金銀花樹，一棵挨著一棵，連成長長的一排。樹梢低的，舉手可及；高的墊上椅凳，伸手亦可及。長長的圍籬自頭至尾，流瀉一股舒心的綠；綠上是一小小撮的白，如星芒點點。

八月初的夏日，氣候依舊炎熱。德宿師父帶領幾位志工，六點多用完早齋，乘著陽光熱力未發前來採摘。他們頭戴斗笠、腰繫小麻袋，在綠叢中遇見白色星芒，輕輕地將花兒摘下，置於麻袋中。

「摘這個很有成就感吧！」德宿師父說。確實有成就感！畢竟細小微處，不過是一朵一朵地摘，一步一步地移，不察其變；猛然抬頭，望眼所及，已在一步一摘的不覺中，不斷變化。在察與未察之間，是不同的風景！

## 選擇自力更生的道場

德宿師父總在「總務」與「出坡」間穿梭，工作了這項，再換那項，彷彿腳步從未曾停。縱然忙碌，心是靜定的，「這是自力耕生的道場，不會有信眾的布施，自給自足不虧欠，這樣比較自在。」

未接觸佛教前，有次過年初一，父親因擔憂子女的歸宿，詢問她們三個姊妹的決定，「選擇出家或結婚？」當時德宿年二十七，什麼都不想；姊姊後來選擇出家，妹妹則是出嫁了。

「姊姊出家的道場，我覺得那不是我想要的。」那是傳統的道場，要辦法會、幫人趕經懺，十分忙碌，「感覺他們很辛苦！」

轉頭再看，妹妹的婚姻也滿幸福，「相夫教子，先生又好，但也不是我想要的生活。」

德宿轉而靜思，「我想要的是一個女眾且自力更生的道場。雖然不懂修行，至少自力更生，不會對信眾有虧欠，可以找到自己的平衡點。」

日後，閱讀到陳慧劍撰寫的《證嚴法師的慈濟世界》小冊子，認同之餘，和堂妹循著冊子上的劃撥單捐款。有回堂妹為幫助一位婆婆，主動找上慈濟委員高秀鳳，兩姊妹因而加入慈濟會員。

德宿師父與堂妹從有空時參與慈濟活動，到參訪靜思精舍、參與慈濟醫院醫療志工，也透過「渡」的錄音帶，聆聽林勝勝、紀靜暘及蘇足等的生命故事，好奇於這群志工怎能聽聞證嚴上人的法，便決心改變自己的習氣？

「上人說的法，是很生活化的道理，大都聽得懂，可是沒感動到我；感動我的是師姊們的改變，那是活生生的故事。」德宿師父說。

在參與醫療志工時，見有自殺救回的個案，整個人癱瘓在床上，她不解為何有人愚笨地走上這條路？見其母親盡心地照顧，但子女卻不領情。德宿師父也隨醫院常住志工黃明月（現為靜思精舍清修士，法號靜力），去案家幫忙個案洗澡、整理家務。一趟路回來，深感人被一個情字綑綁，進而省思自己後半生的生活？

「我可以幫忙打字。」德宿師父思考將來可到靜思精舍當志工，但還未思及出家修行，「我覺得修行不容易，而且也不懂什麼是修行。」

幾年後她辭去工作，想到靜思精舍。乘著證嚴上人行腳到慈濟臺北分會時，由慈濟委員林秀華引領去拜見上人，表明回精舍常住的想法。當時家人都在場，上人轉頭問其父親：「你捨得嗎？」

德宿師父回想：「爸爸停頓很久，說『捨得啊！』」

「你捨不得。」證嚴上人看出他的心思。德宿師父說：「爸爸是想為何我不去姊姊那裡？兩個在一起比較好。但是我不要。」如今出家二十四年的德宿師父，談起俗家父親與上人的對話情景，仍不自禁地眼淚盈眶。

**全心全力做個配合者**

一九九七年八月，成為靜思精舍近住女的德宿師父，原想發揮打字專長，常住們基於他什麼都不會，應當多學習，「決定讓我去輪執事。」由出坡做起。

「跟著出坡，打掃、種菜、煮飯及洗衣，我都不會。」他邊做邊問，邊問邊學，過程非常辛苦！「一直在適應環境和生活。」

他沒種過菜，分不出什麼是草和菜？一度拔草時，把菜也拔了，「才剛發芽，不認得它是菜。」因而在拔草前，他總是先問帶領的師父：「這是草？還是菜？」

日日的學習，終於識得草和菜，也逐漸熟悉執事。他感恩帶領的師父們都很樂意教導新人，「師父們很有耐心，會好好地講解，容錯率的心量很大。」儘管身體會累，但心不累，「身體累了，睡一覺就好。」

約一個月後，流通處三樓加蓋工程動工，常住眾全力幫忙，「不會綁鐵（鋼筋），也是邊學邊問邊做，常常做到晚上八、九點。」協助工程期間，手腳會麻、腰會痠，「一覺醒來，動一動就好了。」

每天忙忙碌碌，跟著做就對了，無有太多煩惱，日子過得快，「無論會不會做，大家都是相互支援、彼此合作，讓人覺得很安心、很安定。」

兩年多後，二〇〇〇年三月，他如願圓頂出家，法名悟宿，字德宿。

輪執事一段時間後，德宿師父轉到「粉間」，也是從不會學起，這段經歷讓他有所體悟：「不須害怕不會，但要懂得配合。」

回首剛輪值執事，他擔心不知怎麼做，所以經常提問。而問是一回事，做對又是一回事，班長一度以為他不是很好配合。他因而明白，班長怎麼說就怎麼做，全心全力成為一個聽話的配合者，也不再憂慮自己不會做事。

那段期間，除了參訪者眾多，營隊活動也多，全臺志工人數增長，志工服需求量增加，制服部欠缺人手，於是安排他去承接。「我跟雪梨師姊兩個配合，又是營隊、又是列車，又要全臺出貨，每天都很忙碌，卻很開心。」

制服部一接就是四年半。之後又轉為出坡輪執，沒多久德愉師父讓他再兼總務。他問：「總務該做什麼？」

「沒人做的事，都是總務的事。」德愉師父說。

「總務只我一個，還要輪執事，怎麼可能？」

「我們早期也是這樣！」德愉和德恆師父都是資深總務跟出坡窗口，早年跟著德慈、德昭與德融師父等長老胼手胝足，至今依然用心承擔，也帶出不少能獨當一面的後進。

「我可以不用分擔菜園嗎？」德宿師父說。早期精舍耕種菜園，每個人都需負責幾排田畦。輪執事要分擔菜園，又得兼總務，德宿師父覺得自己做不到。「我們也是這樣走過來的！」德愉師父說。

「要與常住師父，還有常住志工、老菩薩先結好緣。畢竟都是一家人，同住在這裡。」德宿師父沒理由再推辭，承擔起總務工作。

**輪執事又承擔總務**

日常大大小小所需，總務均須配合，「包括大掃除、洗水塔等，需要打掃工具，總務都主動備好。」逢大型活動、過年與周年慶，需幫忙張羅帳篷、碗盤等；寮房棉被和被套的清洗、晾晒、換季及收藏等，也不離總務的範圍。

「幸好輪執者和悅眾都會一起做。」悅眾是每次兩人輪流承擔，安排出坡，如大型拔草、蔬菜採收、整理環境、大掃除、洗水槽及洗大水缸等，進而活動擺桌、洗碗盤等，屬執行者。而總務屬後勤，提供設備、打掃工具等。

德宿師父既要輪執，又兼總務，執事更加忙碌。若有需要，他會試著找人同來承擔，「比如洗水塔，分三組，再找兩個來幫忙。大家都很熱心，沒有分別！」

雖是輪執為主，總務次之，前去菜園時，常常半路被廣播找回，「有時一天被廣播十幾次，所以菜園都是隔壁的師兄幫忙耕種。」德宿師父說。無暇管理菜園，他想到可改種木瓜，「它不太需要照顧。」而長出的木瓜都是母花結的果，是圓的；不像市場上賣相較好，開花時會篩選留下公花，果實是長長的。所幸精舍栽種的蔬果，均為自給自足，不著重外形，「綠的木瓜可煮湯，紅的就當水果吃。」德宿師父欣慰地說。

早期總務僅一人承擔，而今常住眾增多，工作增量，志工活動也增多，總務改由分工承擔。「大寮總務是侶師父，棉被總務是佺師父，生活總務是糒師父。」

至於設備修膳，由德愉、德怡與德深師父承擔；資深的德恆師父，承擔文物禮品，以及合心關懷；出坡窗口由德霈師父承擔。「透過窗口，相較容易調配人員和工作。」有了窗口，德宿師父無需再兼總務，回歸純粹的輪執。

出家二十四年的德宿師父，如今也進入中生代行列，帶領新人，深感承擔出坡班長壓力很大，「因為決定一件事情，對錯要自己承擔。」

德宿師父終日看似在精舍輪執事，然而也如其他常住師父一樣，配合常住安排。往外參與海外賑災、指導慈青活動、主持社區歲末祝福及精進日等；往內指導營隊活動，慈濟列車帶來參訪的會眾，領眾巡禮精舍、飲一杯智慧的水……

儘管來參與的大都是慈濟人，也不論是資深或資淺的志工，德宿師父秉持上人的教法，「做我所說，說我所做」，與眾分享，互動與關懷。

## 用心精進落實佛法

回首當初要出家或出嫁，德宿師父心無定性。因緣使然，他靜心思考後，走入靜思精舍，承擔起如來家業。雖然終日出坡趕工作，是辛苦的，但來世依然選擇到靜思精舍出家，跟隨上人修行。

「工廠即道場，每個工作都是一種道場。雖然執事與外面工作有些相似，但這裡沒有名和利的成分，我們只是很安心的做這份工作，很單純的把工作做好。這個氛圍就是在修行。」德宿師父說。

初入精舍，抱持著會打字、會開車的心情想來幫忙。打字沒派上用場，開車倒是結了不少好緣。「早期師兄弟們要去看醫師、做復健，我就開車載送。只要用得到我的地方，就多盡一分力。」

「上人的教法，是落實在生活中，在人與人之間的應對上。」德宿師父體悟個人的修為，是在人我圓融，不是人我是非，「如何去圓融生活中彼此不同的見解，而不是製造問題。」他期許不斷精進，能具足智慧，化解人我是非。

《法華經．化城喻品》提到三千塵點劫，一微塵為一劫，比喻時間之久遠。譬如修行當是歷劫久遠而無倦怠，復當用心於當下，一心一志，一步一念，念念不忘修習己心。

德宿師父的心願，是與眾人結好緣。他自我期許，將上人的教法落實在自己身上，掌握自己的起心動念，聲色上多加善解與包容。誠如上人無論身體如何的累，只要談到慈濟事（弘法利生），又提起精神，「那是一種毅力！」

「上人是累生累世的修行，且發大心、立大願。慈濟事就是上人的精神糧食；師兄師姊所做的慈濟事，就像是上人的加油站。」上人看到志工將佛法落實在生活和工作上，滿是歡喜，「所以不僅要聽得懂上人的話，還要堅持做對事情。」他說。

德宿師父常自省，在傳承上人的教法上，有沒有如實做到？又是為什麼而沒有做到？「所以要多用心精進，做一個聞法而力行生活的人。」

德宿師父願盡此一報身，發願再來，「願來生儘早認識上人，就像小菩薩如一張白紙時，接受上人的調教。」

# 衣坊間

新三年，舊三年，縫縫補補又三年。靜思僧眾自力耕生，自給自足，僧服也始終堅持自製，力行惜福愛物；破了補，補了破，再破再補。

月兒來訪 星兒作伴
常住師父挑燈衣坊間
一裁一剪裁出慈濟世界
一針一線縫成感恩人間

每天多縫一雙嬰兒鞋
一天可存二十四塊錢

奉行那
一日不作 一日不食
百丈禪師生活理念

為了幫助長期感恩戶
為了精舍生活的來源

衣坊間日夜不斷努力奉獻
慈濟世界才有今天 才有今天

慈濟歌曲〈常住衣坊間〉的音聲，輕快悠揚！歌詞「每天多縫一雙嬰兒鞋」，是靜思精舍早期克難環境下，陸續接了二十一種的手工活之一。嬰兒鞋的收入比「看天吃飯」的農事穩定，證嚴上人與弟子、老菩薩們，一針一線協力，同甘共苦勉強維持了生活。

德慈師父回憶：「當時我們每天努力縫鞋，有的負責鞋底，有的負責鞋面，縫好的鞋由上人負責做工最細膩的滾邊，整個就像一條生產線。」

上人雖瘦弱，拿起針線來沉著定靜又快速，一人抵得過前面五人的縫製速度，成品也最漂亮。「我們每天能做好六雙嬰兒鞋，可以有二十四元。」

幾個月後「克難慈濟功德會」成立，上人希望弟子們，每人每天多縫一雙嬰兒鞋，增加的二十四元收入，捐作功德會救濟基金。上人帶領五位弟子「一針一線」縫出社會救濟的工作，而設於「機器房」的製衣坊，及時發揮了濟助苦難的力量。

早年精舍為了生活來源，及長期援助「感恩戶」，「衣坊間」不斷地從事代工，舉凡縫製嬰兒鞋，代製洋裝、修行服、布製工作手套等。因此，上人曾言：「慈濟功德會是從一針一線縫製出來的。」

如今衣坊間不再代工。然而常住二眾日益增多，僧眾衣衫、近住女修行服，乃至大體老師的壽衣等，仍由衣坊間的師父及志工，巧手慧心地發心製作，不假手他人。

## 量身訂做，自製僧服

提及衣坊間，必先想到長老德仰師父。德仰師父出家前從事裁縫，後來到精舍發揮良能，舉凡僧服、代工衣物等皆出其手。而今承擔衣坊間的德佩師父談及「老師」，顯見崇敬與讚揚：「仰師父做工很細，連上人都讚歎！」德仰師父相當惜福，「裁剪一塊布，如何利用很重要。仰師父很會省布，過程中我們學習到，如何善用與惜福愛物。」德佩師父說。

當今成衣業發達，極少手工製作，精舍仍維持自製僧服、僧襪的傳統，不向外採買。對此，仰師父眼睛睜得斗大：「那是要錢買哪！早期精舍連吃都有困難，還買衣服？」如今自給自足，仍堅持自製，「不覺得我們自己做的，看起來比較……」含蓄內斂而不自誇的德仰師父打住話語。

僧服首重「領子」，若做得又挺又貼，可顯莊重質感。德佩師父娓娓道來：「仰師父很用心，在每個師父的體型上觀察、探究細節，怎樣把領子做得挺又合身。」

近幾年到精舍出家的師父，幾乎是穿成衣長大，能穿上手工製的僧服，剪裁合身貼心，讓人深刻感受到來自衣坊間的師父那分「量身訂做」的愛。

德仰師父初到精舍，當時僅有五位常住。他想起俗家尚餘一些布，請示上人能否拿來製作僧服？上人說：「這些布夠每個人做一件嗎？如果足夠才拿來，不夠就不要拿來。」上人慈愛平等，時時照顧到每位弟子的心，至細且微！

上人的衣物，早期亦是德仰師父製作，是否有特別之處？直心純良的德仰師父說：「沒有！量好就做了！」他製作的每件僧服，無論對象皆抱持恭敬心與平常心，無有分別。正如證嚴上人教示弟子「慈悲等觀」，其含藏著靜思法脈精神，在衣坊間的製衣過程中如實地力行。

## 志為人衣，傳承手藝

德佩師父從事裁縫四十多年。從小立志學做衣服，國中畢業即發願「志為人衣」，十七歲當學徒跟著姊姊學做衣服，自覺這手藝彷彿已深入「八識田」中。

一九八〇年代，鄰居好友、慈濟委員陳美容向其募款，姊姊接受過美援麵粉也想回饋助人，姊妹倆因此加入慈濟會員。後來美容每到花蓮慈濟醫院做志工，返家後總會分享證嚴上人法語與做志工的歡喜，德佩師父聽聞每每法喜充滿，主動請美容幫她報名。

一日，德佩師父到慈院做志工，晚間回到靜思精舍安單，藥石（晚餐）後到戶外走走。一位常住師父問道：「師姊，你從事什麼工作？」

「我做女裝訂做。」德佩師父說。
「你會不會做這種衣服？」常住師父指著自身的僧服。
「我不會。」
「你可以學做出家人的衣服，跟僧眾結緣很有功德。」
德佩師父看了看，思考一下，學做應不難，「好啊！我回去學。」
返家後，美容帶著她到一個熟識的道場，一位常住是美容的表妹，出家前是裁縫師，當時不在。知客師得知來意，把自己的一套短衫和長衫，提供給德佩師父參考。
美容買了布，德佩師父依樣試做。據裁縫店的客人說：「聽說做出家人的衣服很有功德，往生後升到三十三天！」她因專心於製作僧服，沒時間做客人的衣服，二姊鼓勵她：「你認真做，我支持你，我到三十二天就好！」
僧服做好後，送去道場，常住眾皆感恩又歡喜！
德佩師父最初學做僧服，心中發願：「若學會了，我想做一件長衫給上人穿。」美容回花蓮做志工，代為請教德仰師父有關上人的尺寸。德佩師父拿到時心想奇怪，「感覺手好長喔？」便致電精舍請教。德仰師父笑答，晚輩做給長輩或有德的人，袖長要加長！德佩師父依尺寸裁剪製作，做好後送到慈濟臺中分會（現為民權會所），呈予行腳中的證嚴上人。

上人收到衣服，慈悲地讚歎：「你的工很細！」同時指著「五十三參（註）」說：「但這咖啡色，我不敢穿。」靜思精舍的僧服均素樸灰色；德佩師父在「五十三參」上壓了不同的色系，稍顯突出。

「好！我拿回去改。」改好託美容交予德仰師父代收。之後，美容回花蓮時見到德仰師父在改衣，「那衣服看來很眼熟。」問是否德佩師父為上人做的？德仰師父才說：「不好意思！被你看到了。」不忍折了德佩師父的心意，親切地對美容說：「因為這件衣服做的太大，若她有心學，請她回來，我教她。」

翌年，一九九二年上人行腳臺中，德仰師父隨師，美容帶德佩師父前去拜見。德仰師父有意傳授，「如果你有心要學，回精舍我教你。手藝功夫是人往生了也會留下來。」德佩師父甚為歡喜，日後利用空檔回精舍，師承德仰師父。

## 發菩提心，報答親恩

德佩師父出家前在彰化市與姊姊開店做衣服，白天因客人多，故常利用晚上專心製作。夜深人靜工作，邊播放證嚴上人開示及「渡」與「悟」的卡帶，而感動於上人的教法很生活化，貼近己心。

一九八九年就讀補校服裝科期間，她參加全省技能競賽，將榮獲第一名的獎金，以母親的名義捐助一張病床；適逢上人行腳臺中分會，美容帶德佩師父將捐款呈上。上人問：「要捐人？還是捐東西？」德佩師父愣了一下，回說：「看因緣。」

一九九二年父親肝癌末期，德佩師父返鄉照顧。看著病中的父親，想起上人開示《父母恩重難報經》提到，一肩挑父，一肩挑母，行走須彌山，即使肩膀皮磨破，甚至皮破見骨，磨損至骨髓，也難報父母深恩！思量雙親在人生最後，要如何做方是行大孝？

於是她跪下發願，「爸爸如果會好，就讓他奇蹟地好起來；若不能好，不要受病苦折磨，我願意修行來報答父母。」

農曆七月到十一月，父親從癌末到往生，生活如常，白天睡覺，晚上卻很清醒。往生前一晚大動脈裂開，肚子腫脹，送往彰化基督教醫院將血水抽出，身體甚為乾淨，往生時面容慈祥。

德佩師父履行還願，母親雖不捨，但能理解，唯哥哥提醒：「不能這麼狠心，爸爸走了，你又要離開，媽媽會很難過。」她不忍而留下來兩年，然心已不在家。

一九九二年，德佩師父的二姊林月梅成為慈濟委員，她因心思出家而未受證。兩年後，再度向母親表明修行心願，帶母親到臺中分會拜見證嚴上人。

「師父你甘有要收嘸？（閩南語：不知您是否要收嗎？）」心性質樸的母親雖不捨，但對上人崇敬與感佩！

「兩個都來。」上人很幽默，意即兩姊妹都收。

「什麼時候要回精舍？」上人問。

「飽冬才回去。」母親回。

飽冬指豐收。農村兄弟分家常在收割後，倉儲滿滿，大家都有糧食才能好好生活。「收冬了後去，祝福伊會當『飽冬』。」母親再對上人說。

「現在日日都是飽冬。」上人說。

直到出家後，德佩師父才體會到母親的心意，「媽媽是祝福我，在修行上道糧要飽滿，鼓勵我要精進！」一九九四年七月，他成為靜思精舍近住女；兩年後如願圓頂出家，法名悟佩，字德佩。

## 守好本分，供應無缺

隨順因緣跟著德仰師父學習，製作常住僧服及近住女衣物等，「仰師父技術很好、工很細，很細心地教我，傾囊相授！」德佩師父說。

在德仰師父的教授下，德佩師父更能學以致用，但思考來道場修行，應多學習與承擔，便去輪執大寮典座等執事。然而在執事一輪後，就沒機會再學習了。

他剛到精舍時才三十幾位出家眾，後來每年有十幾位圓頂，很多僧服要做，便固定在衣坊間承擔。精舍執事離不開食衣住行，「常住眾的衣服，我們一定要承擔起來，盡心力做到足夠！」

僧服分夏、冬，出坡短衫、日常中掛、外出長衫，皆量身定製。「新三年，舊三年，縫縫補補又三年。」有些出坡流汗多了易破，典座執事易接觸油膩，常住師父們都相當惜福愛物，破了補，補了破，再破再補。

慈濟大學醫學院每期解剖課結束，由學生為捐贈大體的老師穿上白衣，進行火化儀式。捨身菩薩的衣服，是證嚴上人請德仰師父設計，「衣坊間從選布到製作，都是用很虔誠恭敬的心，在他們最後一程，結一分好緣。」

德佩師父的俗家二姊每逢過年，都是回另一個「娘家」——靜思精舍，在衣坊間幫忙。德佩師父常想：「上人用佛法度化眾生，我用什麼來度化呢？」

他的答案是，守好自己的本分，「盡形壽、獻生命，把工作做好，為常住付出。如果視力不好，會滿吃力，很難再做下去。所以只要我能做，大家有需要增製衣服，一定會供應無缺！」

精舍慈誠樓是女眾志工寮房，二〇一六年衣坊間搬到其二樓，就像小型「知客室」，德佩師父都以歡迎家人回來的心情招呼志工。衣坊間不大，幾部電動縫紉機，一個工作檯，已占去大部分空間，德佩師父仍是熱誠問候，歡迎大家進來參觀坐坐聊聊，並鼓勵他們投入慈濟大家庭。

衣坊間有如家的感覺，令人親切自在。法親時有煩惱，婚姻或家庭問題，需關懷互動，師父們分享上人的法，不少人因此心開意解，也有幾位委員在慈濟找到了生命價值。

有人會猶豫，覺得投入慈濟可以慢慢來，德佩師父常引上人的話提醒：「不知明天先到，還是無常先到，要做要乘早！」有些人把話謹記，用心投入回饋了德佩師父，「讓我深感親切地招呼，溫暖的鼓勵，是多麼重要！」

## 以身作則，感恩尊重愛

「修行人的威儀很重要！上人的威儀讓人起恭敬心。」上人言：穿衣有道！上人很注重威儀，精舍僧服用的布料雖非最好，但講求整齊乾淨，也是威儀的展現。

「我們量身定製，尺寸切合身形，不少人覺得精舍師父穿著莊嚴，我也感到很安慰。」德佩師父表示，上人的衣服和常住師父的長衫，常是穿了一、二十年仍舊在穿，原因之一是手洗。常住眾愛物惜物，衣服因此耐久耐穿。

上人升座晨語開示，即使寒冬穿的也跟平日一樣，不多添衣物。長老弟子不捨，想為上人加件輕暖的背心，德佩師父便趕緊做好；上人還未接手，看著背心問道：「大家都有嗎？」弟子們聽了都落淚，「上人都是想到別人，沒有自己！」

德佩師父說，做上人的弟子很有福。上人不只為了弟子慧命，生活中亦噓寒問暖，「上人希望我們吃得健康、穿得夠暖；其實我們的衣服都夠。」

上人不為自己添衣，卻為所用的電腦做衣服，「上人用的電腦功能很多，眾多插頭和磁鐵片要一併收起，也需要做些口袋能插筆和放筆記本等，具功能性且精緻，讓人看了很舒適。」德佩師父觀察到做上人使用的物品，定能增長智慧。

「上人是一位很好的設計師，想法非常用心，很有藝術美感。」上人會教導德佩師父怎麼做，本著慈悲心對弟子應機而教。

「上人身為師長，教育我們依然秉持尊重，以身作則讓弟子明白，與人相處需盡到一分尊重感恩的心。」德佩師父感動並謹記上人的開示，「我們要尊重每一個人，尊重每一項專業。我感受到為何在慈濟裡，人人能發揮所長，發揮自己的良能，也能幫助別人，正是上人的身教。」

記得德佩師父與同期出家的師兄弟，請求去戒場受戒，向上人告假頂禮。上人慈悲地說：「你們的身體是父母所生，而我是用『口』生你們。我疼惜你們的心，不輸你們的父母。」這句話讓德佩師父至今無論做任何事都要對自己負責。

「我不能愧對上人，所以時時警惕自己，要把心照顧好，把本分事做好。」他發願期許對每個回來的家人，都能用心、誠心招待，讓人人有回家的感覺。

「上人說：閒人無樂趣，忙人無是非。佛法云：不增不減。」慈濟人投入志業都很忙，但心靈上都有一分無可限量的歡喜，「所以我們要多鼓勵，帶動更多人來投入菩薩道，社會祥和了，人間自然無苦無礙。」

衣坊間的長老——德仰師父雖已圓寂，但老師傳的用心和技術傳承了下來，永遠都在。

**（文字協作／釋德諦）**

註：僧服海青，衣領由三層布片重疊縫製，稱「三寶領」。在前領中段有五十三條線縷，增強衣領的耐用，也寓意要向《華嚴經．入法界品》「善財童子五十三參」學習。善財童子師承文殊菩薩，明心見性後行菩薩道，參訪五十三位善知識，修行圓滿，證入法界。

# 日午

善念共振
淨化祥和

# 午間祈禱

**祈禱一次就得一分道理，如誦一部經。聲聲的祈禱，是心波共振，虔誠共振日日不息，祝願眾生離苦得樂，祈求天下無災無難。**

「我的心在靜思中感恩，我的心念上達諸佛聽……用心祈禱，我願人人傳承智慧燈，清淨溫暖又光明，點燃無窮清淨愛，提燈照亮人間路；用心祈禱，但願人人牽手心連心，開啟光明大愛，長養智慧福德，娑婆世界現光明……」

二〇〇八年五月二日，緬甸受納吉斯熱帶氣旋肆虐；五月十二日中國大陸四川省發生強震。證嚴上人呼籲全球慈濟人戒慎虔誠，「驚世的災難，要有警世的覺悟」，上人以身作則，每天就地祈禱。精舍常住眾也於五月十五日起，帶動全球慈濟人同步「午間祈禱」，盼望人人從自心做起，將「貪念縮小到零點，大愛擴大遍虛空」。

自此，精舍常住眾、基金會同仁、慈濟志工或參訪會眾等，天天虔誠祈禱，十六年來從不間斷。善的聲波持續不斷，虔誠共振日日不息，祝福眾生離苦得樂，祈求天下無災無難。

## 善念共振化祥和

「祈禱，是常住每天的功課。」上人當時對常住眾的叮嚀，十六年來德勅師父守志奉道。七十三歲的他，雖腰椎經常疼痛，仍每天下午一點半準時到主堂虔誠祈禱，不曾稍歇，「不能少我一人，希望每天都有我虔誠的力量。」

德勅師父每日持續精進，日常輪值執事，學習各項法器，唯執「維那」還無機緣領眾，因此毅然承擔起執引磬，引領大家起落。他與有榮焉地說：

「這是一分責任，很歡喜承擔。」

心堅定、身精進，腳步勤快跟著心走，成就日日「虔誠共振」的圓滿之聲。德勷師父說：「上人曾開示，這共振之聲，魑魅魍魎都能聽到，希望國與國、人與人之間，都能化解惡緣結善緣，化戾氣為祥和。願全世界都來祈禱，透過人人虔誠之聲，上達諸佛菩薩聽，祝福天下黑暗角落變光明。」

二〇〇二年起，德勷師父每月一次至花蓮靜思堂，為福田志工分享《無量義經講述》、《靜思法髓妙蓮華．序品》，雖對電腦文書不熟稔，製作簡報最傷腦筋，仍虛心請益，用心學習，勇於承擔不退卻。

他堅定地說：「佛弟子一定要傳法，是本分事；我想與上人同步，與上人結法髓緣；有承擔，才跟得上上人的腳步。」

「我學習慢，但勤能補拙，要為自己人生價值而努力。上人不斷告訴我們，要自我盤點生命的價值。我要為自己留歷史，才不空度此生。」

這一路走來，德勷師父精進的動力就是「守志奉道」。兩年多來的分享，心得滿滿，「獲得最多的還是自己！只要一句法入心，就可以當作警惕反省，遇挫折時較容易轉念。」而且分享佛法，也能與上人貼心，結更深的緣，「來生與上人的因緣一接，或得善知識的提點，很快就能與上人再度結緣。」德勷師父以精進佛法，增長慧命。

## 培福修慧擁蒼生

持續午間祈禱十多年的德昕師父說，自發性的決心，讓自己很快樂，「多一個人，就多一分力量。如果沒有事相的磨鍊，很容易懈怠。我無法到災區付出，只是盡一分微薄的力量，用虔誠的心念，祝福苦難的眾生脫離苦海。」

「上人怎麼說，我們就怎麼做。」德安師父雖沒有到主堂，也是就地祈禱，全勤不打烊，「天天祈禱可以培養善念、慈悲心，及說好話的習慣。」

二、三十年來，上人「來不及了」的迫切之聲，期待人人發一分善念，用虔誠祈禱的聲波，祝福自己也祝福別人。「為災民祈禱，弭災難；為自己祈福，消業障。」上人懇切期盼，藉由眾人聲聲層層的祈禱聲，把祝福和溫暖送給最需要的人。

上人在晨語中講述《法華經．如來壽量品》曾開示：「法，不只是聽；聽，就要用；用，道理就在你身邊，佛就在你心中。只要我們時時精進、用功，就能時時見佛，與佛同在！」

祈禱一次就得一分道理，如誦一部經。一聲聲的祈禱，是聲波共振，也是心波共振，祈願人心淨化、社會祥和、天下無災難；也祈求一部部的經典，注入八識田中，天天啟悲心，點亮心燈，照亮自己也照亮別人，進而燈燈相續，一生無量；更希望培養自己的智慧福德，能與上人一樣，將福德、智慧分享給芸芸眾生，擁抱蒼生。

（撰文／釋德澡）

# 後晌

寸寸愛心
廣結善緣

# 知客

**十方會眾面對人生不同的困境，知客室自然成為「療心」所在。「知客」是師父們的修行課題，須以分別智與平等慧，應機以對。**

一早，靜思精舍知客室的德如師父，手握電話談著因緣觀：「緣未盡，如何離婚？緣已盡，又如何不離婚？」會眾的朋友離婚了，但困惑「來世是否需還婚姻債？」

德如師父一語道破：「離婚後，若還膏膏纏（閩南語），仍是緣未盡。果真無緣，緣就了了。」會眾心開意解：「我懂了！感恩師父。」

「曾有位外國人來到精舍，在知客室外庭園漫步。因語言不通，我泡杯茶送過去，用手示意——請用！他喝了一口，立即比讚；若有所思地巡禮後離開。」德如師父說早期精舍人少，無人會英語，至誠的一杯茶，也能接引並結個好緣。

「上人教導我們要用真誠心、誠懇的態度、誠意的招呼，讓每位來到精舍的會眾，像回到自己的家一樣親切！」德如師父簡潔道出知客室的良能，「上人是精舍第一位知客師！早期，上人每天從早到晚接待訪客。所以知客精神，是上人親身示教。」

知客師父們總是貼心的招呼，「坐坐，喝杯茶。」十方會眾無論帶著何種心情回來，總能在這裡找到沉靜。人生大小事，也許就在品茶靜心後，轉個身，就有不同的心境和能量。

## 煩惱無盡，善巧對治

「街角那一戶，師姊的先生往生不久，我們去關懷一下。」德如師父對開車的志工吳素珠說。

一進門，見師姊滿臉憂愁，數月來幾乎足不出戶。「師姊，您下午換上慈濟工作服，來靜思堂『種福田』，我們需要志工幫手呢！」吳素珠想方設法讓師姊走出去，但師姊沒回應。

「師姊，您現在就去換工作服，我們等您！」德如師父直截了當地邀請，師姊半推半就地換好後，一同回到精舍。

午齋後，吳素珠載她到靜思堂參與打掃服務，過程中嘴角上揚了。從此每週的福田志工，有了她的身影。

「還好有如師父當下的智慧妙法！」吳素珠笑開懷地說。心不開宅在家，只會徒增悲傷；做志工是對治悲傷的良藥。「感恩當下帶我出來！」師姊回憶道。

「師父，我離家出走！」這日的知客室，德如師父泡著茶傾聽會眾哽咽地訴苦：「先生經常對我語言暴力，我逆來順受，但這次再也不想忍了！」

德如師父先讓她在精舍安單「身心安住」；請吳素珠聯絡她的先生「代報平安」，並請他有空來精舍坐坐聊聊，給會眾的先生有臺階下。

隔天她的先生踏進了知客室。「您太太現在很好，非常誇讚您顧家。您對太太很重要，同甘共苦多年，十分了解您的辛苦。」德如師父以正向鼓勵肯定，化解其不安與尷尬，先疏通打了結的夫妻關係，「只是有時她稍稍覺得，您關心弟妹勝於她，心裡有些罣礙罷了。沒事兒，讓她在這裡住三天，我再帶她回家。」

三天後，德如師父帶她回家，將她的雙手交給了先生，慈悲地說：「您們一家團圓了！多一分愛給太太，她就會很滿足。」先生紅著眼眶，牽起太太的手，連聲道謝感恩！

之後吳素珠經常到她家裡關懷，會眾回饋：「先生真的把如師父的話聽進去，不好聽的話到喉嚨會再吞回。」

眾生無量，法無量；度眾依因緣人事。佛陀教育「和顏愛語讚歎」，讓對方自然接受，即善巧方便。

「先生依然好賭，怎麼勸都無用。家裡全靠我在市場做生意，還要扶養三個孩子，該怎麼辦？」一位會眾再次來到知客室，哭訴著自己的歹命。

德如師父遞上茶，傾聽遭遇及委屈，「與其不斷為賭博爭吵，不如轉換心境，把聚焦先生的時間，挪移到利益人群，也許有一天可以影響先生。」並勸導：「忙人無是非，忙於做好事，就不會緊盯著先生了。」

太太善聽，果真積極投入慈濟事。漸漸地，先生看在眼裡，也有了改變。

## 以事啟理，化解心結

一位年輕俊秀的男眾，在精舍一隅，巧遇德昕師父。「我從基隆徒步到花蓮，昨天來參訪，今天再來走走。」夕陽斜照，德昕師父思其必有心事，請他在走廊休息區坐下來聊聊。

「我是獨子，大學畢業後進入家族事業，對公司的經營管理，與媽媽的理念不盡相同，讓她得了躁鬱症。」一坐下，他就打開話匣了，滿腔心事，傾洩而出，「爸爸希望我能妥協。年輕氣盛的我與爸爸談判：『如要認同媽媽的作為，我寧可放棄家族工作。』爸爸最後選擇支持媽媽。」

「離開後，我換了六項工作，覺得這個社會環境下，沒錢難以立足。我很能理解捷運殺人事件，犯案者的心態舉動！」他憤世嫉俗地說。

「相信生命是平等的。」德昕師父說。

「相信！貓狗都是生命。」他似乎不以為然。

為了轉其心念，德昕師父講述一樁骨髓捐贈的故事：「有位印度裔南非籍的父親罹患血癌，經幾番治療的痛苦，很想放棄生命。想到自己在十三歲時失去父愛的辛苦，他的兩個孩子比他當時更小。為了孩子，得知骨髓（造血幹細胞）移植是唯一希望，便鼓起勇氣尋求配對，也慶幸配對到了。但只有百分之七十的相似率，他想拚了再說；很幸運移植成功，活了下來！」

他靜靜聆聽德昕師父的講述，「在骨髓捐贈相見歡現場，受髓者搭了十三個小時的飛機而來，與捐者語言不通，用頂禮表達最深的感恩：『您讓我的孩子有爸爸，讓我的太太有先生，讓我在兄弟姊妹中不缺席。』慈濟骨髓捐贈資料庫，已在全球二十八個國家，配對移植了近三千位患者。」

「您能確保幫助過的人，不會再做傷害人的事嗎？」他對人性本善，仍抱持懷疑。

「相信天下都是一家人！不同國家或種族的髓緣布施，印證了佛陀當年的開示，『生命本該平等，生命本要尊重，生命本來同源』的實證。」德昕師父以智慧回應。希望以骨髓捐贈、生命寶貴的事理，化解他內心的怨懟與不平，重新省思對生命的態度。

說完故事，德昕師父問：「您相信生命是平等的嗎？」

他思索了一下，「我相信！貓狗也都是生命。」

「每一個生命都是大愛的結晶，都是『眾緣和合』，所以要彼此尊重！

既然相信生命是平等的，就要彼此感恩！這就是『心、佛、眾生，三無差別』。」

年輕人的表情放鬆了些，露出笑容：「瞭解了，我會帶家人來精舍！」

## 啟智運慧，照見自性

十方會眾面對人生不同的困境，知客室自然成為「療心」所在。「知客」是師父們的重要課題，難免遇到難題，德昕師父說：「學習『分別智與平等慧』的法門。」

他談起一則從經驗中學習的小故事。曾有位大哥級人士，一進知客室，便怒氣衝天地大聲叫囂：「我要見上人！您們建設需要錢，這項發明專利要授權您們，接洽志業園區，為何卻被拒絕？」其音量足以貫穿早期的精舍。

上人慈悲地面見他，也表達了無法受理發明專利。他畢恭畢敬地聽完回覆，出來後坐在麵包樹下，沒想到繼續嚷著：「哪有慈善團體拒絕這番善意？」看著正在田裡農作的師父，他繼續說：「不是要救度眾生嗎？在那裡種田，怎麼救？」

德昕師父望著他暴怒的情緒，輕輕回應：「的確！您也是為我們設想。」並把握住他話語中提及佛學，對他說道：「放下屠刀，立地成佛；但不是馬上成佛，而是那一分心念，跟佛菩薩相應。如果能像佛陀修行，恆持三大阿僧祇劫，才能成佛啊！」這番話，讓他平靜了下來。

沉靜之後，他坦然說出暴躁習氣的緣由——生於大富人家，出生時父親已七十歲，母親是妾，在家沒地位，從小就弱勢……德昕師父明瞭了情結，從小他就沒有安全感！

「家道中落後，我常認為要以強勢的態度才能生存。我也不知道，這樣是對還是錯？」他有些靦腆地說。

德昕師父安靜聆聽，不去相應，反而讓他因此反觀自省——照見自性，

「當下的我，心境如同一座大山；這座山，能讓他聽見自己的回音，內省自覺，才是對他最大的幫助！相信『一切眾生，皆有如來智慧德相。（華嚴經）』」

小故事大啟示，山來照山，水來照水！知客師父們迎接各種疑難雜症，以佛陀教育「出世間」的修行功夫，面對「入世間」的人事，悲智雙運，應機說法，圓融妙行。

## 無量心宅，眾生一家

曾有位海外實業家在精舍過年，早齋時見席開百桌，跟上人說：「您的信徒很多！」上人回答：「我們沒有客人，只有家人，回來的都是家人！」德昕師父聽了，體悟到「將普天下之人，視為一大家人」的心境，來接引參訪者，「把年長者視為父母，同齡層視為手足，年幼則視為子女。」

二〇一二年元月「主堂」啟用後，來自全球各地的慈濟人更多，活動也增加，主堂右側的知客室，人來人往更加熱絡。德昕師父娓娓道來，主堂的空間說法：

「某日，我站在主堂的人字屋簷下，心眼凝望著整個空間；漸漸發現心靈的視野擴大，拉到全球慈濟人的行經之處，再收回到眼前的『宇宙大覺者』與地上的蒲團，心裡浮現《無量義經．十功德品》的偈頌，『**無量義經佛宅來，去到一切眾生心，住諸菩薩所行處，十大功德潤蒼生……**』

主堂的空間是心，是『心包太虛，量周沙界』的心量，含融了上人與慈濟人的悲心與願力——『無量心宅』。

每日靜思晨語，上人升座說法無量義。來自十方慈濟人，端坐蒲團恭聆，聞法入心；離開時，將法髓、法義帶回十方，在各個國家弘法，潤漬蒼生。」

這段經文偈頌，讓德昕師父體悟主堂的無聲說法，接待慈濟人和會眾，生起了恭敬與感恩！「每當我接待訪賓和家人，總會浮現出一個個慈濟人，回來心靈故鄉，聽法聞法，得法喜後起身，從佛宅走向十方，深入人間苦難的菩薩身影畫面！」他經常將此感動傳遞給參訪者，進而鼓舞會眾投入菩薩道行列。

因緣不可思議；來到精舍，自是有緣。以感恩心與歡喜心，接引十方會眾，是知客師父的日常，在人群中修行修心。

一杯茶，讓慈濟人品茗「家」的味道，汲取心靈故鄉的法味，也讓許多心有鬱結的會眾，找到暖心的陪伴、清涼化解的法藥。天下一家，回「家」時，記得到知客室，喝杯茶！

（撰文／林純霞）

# 知客室

**知客室是對外接引，對內串接的執事，需要僧團各執事和合成就。以耐心溝通，將事情化繁為簡，化雜為純，多為人設想，就能事理圓滿。**

清晨三點五十分，香燈師父打板聲響。德如師父從寮房一路到大殿，打開一盞盞的引路燈火，也打亮了知客室的燈炬。早課結束，清晨六點早齋，緊接著七點集合到主堂，參與志工早會。志早一結束，知客室的訪客與會眾接踵而至，隨著大地天光，而展開忙碌的一天。

「與其稱為知客室，我認為稱『和合室』更具慈濟的人文精神。」德昕師父對知客室下了一個更貼切的定義。和合，團眾之意；出家眾，三人以上共集一處，持同戒，行同道，名「和合僧」。

「知客室，是對外接引，對內串接的執事，需要僧團各執事和合成就，這也是出家眾的和合精神。」

## 用心接待回來的家人

「精舍是大家庭，要把回來的家人，生活日常打理好，就得把相關的執事負責窗口，都能串連無礙，才能達到團體的和諧，這也就是『和合僧』。而『六和敬』就是最好的實踐。家人的飲食、住宿、交通等串連順暢，才能有回到家的感受。」德昕師父進一步說明。

德昕師父負責訪客和會眾的食事安排，「典座每天要準備三餐已經夠忙碌了，所以用餐的人數統計、提報、桌次安排，及入齋堂的引導等，都要跟大寮銜接好，並且讓飯頭組及水果組確認好桌次，方便準備。這些事看似簡單，但都要用心做。」

德杭師父負責安單執事，「簡單也不簡單；繁瑣也不繁瑣。」用耐心對裡外溝通，將事情化繁為簡，化雜為純，在「做中學、學中覺」中扎實修行，方能事理圓滿。

德杭師父表示，「知客室的安單工作，一定要讓回來服務的志工家人，在精舍感到身心安頓！而安單環境的安全性很重要，安排上下鋪，年齡是首要考量，六、七十歲以上的菩薩一定在下鋪。」曾有位長者臨時回來，但下鋪已滿，「透過電腦資料，我找到一位年輕的菩薩溝通，歡喜圓滿地完成調床位的任務。」

有回，德佺師父走進知客室提醒：「杭師父，男眾寮房有一床棉被靠牆擺放，可否查一下是哪位志工？請轉達一下，棉被靠牆會吸收水氣，潮溼蓋了對身體不好。」這些看似細微小事，卻是安單師父們的細心與用心，即是「一家人」的體貼！

安單服務從早至晚上九點，德杭師父日日用感恩心接待家人回家。「某晚九點多我準備回寮房，有位志工菩薩敲了門，『師父，我回來報到安單』。」

「怎麼那麼晚呢？」德杭師父問。

「火車八點五十五分到站，我搭計程車趕了過來。」志工說。

「志工回家了，總得要安頓好！」

在德杭師父分享安單的執事點滴時，短短的半個小時內就有五次，或電話或有人找，來確認安單。

「某日下午四點多，有菩薩要來安單，我委婉表達已滿床了。」

「師父，您要我回家嗎？」志工說。

「不忍心啊，我得去想辦法解決！」德杭師父思索著。

知客師父有人來時要主動招呼，和顏悅色接待，更要有耐心！安單上也要貼心觀察年齡、身體及心理狀態，這些都是知客師的修行功課。

大年初一有位老菩薩來安單，一申請就要住十幾天。德杭師父疑惑著，近九十歲為何沒人陪同呢？他不單只是處理安單的工作，還得隨時觀察申請者，思考解決各種狀況題。

「老菩薩，您在社區做什麼慈濟事？」

「我本來在社區做環保，因為疫情，環保站暫時休息；在家很無聊就想回來。」老菩薩簡單回答師父的關心。協助安單後，德杭師父跟家屬聯絡上。

「我們也勸她不要去，她還是跑回去了！」電話中兒子叨念著。

「天氣很冷且年紀大，有家屬陪在身邊較安全。」德杭師父與其兒子溝通後，展開「送老菩薩回家計畫」。透過社區的法親關懷網，安排了適合老菩薩的工作，才讓她心甘情願地回到社區。

## 無我合眾，事事圓滿

訪客與會眾絡繹不絕，知客室熙來攘往，師父及志工們很有默契，忙而不亂地招呼歇坐、奉茶問安、話慈濟；接著收拾擦拭、洗杯盤、消毒後，再重啟一輪。「早上八點到下午三點半，清洗杯子的雙手未停過。抽屜裡杯子約三百多個，輪了幾番無法計數。」志工林美麗與潘惠珠，愈洗愈歡喜，「結了這麼多好緣，真幸福！」

「執事工作要彼此補位，面對進出的會眾，一個招呼，一句問候，送上杯水，都要很細心。」德杜師父除了照客，隨時打理門窗、桌椅及各個角落的環境整潔。

「我常扮演補位的角色，處處有人補位，事事就能圓滿。」德杜師父也分享以前輪執典座的心得，「例如炒麵，多鏟幾下就會讓大家覺得好吃。任何執事多為人設想，就能和合圓滿。」

「在知客室補位，要主動並觀機行事。」長期在知客室擔任志工的林美麗與潘惠珠，對師父們的行事風範和內修外行，看在心，學在行，培養出與師父照客補位的默契，在覺察與學習中受益良多，「這都是法脈的精髓！」

林美麗在知客室十年，學習師父用智慧處理疑難雜症，「師父們面對每一位會眾的『柔軟心』讓我感動。我從未看過師父們因為忙碌而現煩惱相。」

「我每晚睡前的功課，便是將一天所見所聞『反觀自照』，修正與改進自己的習氣。」一路走來的感悟，「最大的受益者是自己！」十年來林美麗從家裡騎摩托車到慈濟醫院，再轉交通車到精舍，每日往返不曾停歇，「師父們都沒休息了，我也不能停頓！」

曾被恐慌症所苦的潘惠珠，多年來在知客室補位各種大小事，「以前在社會的塵染下，處理事情有時會陷在經驗論，問師父：這事為什麼這麼做？那麼想？但師父們總是輕輕柔柔地回應我：『做，就好了！』」

「慢慢地，我學會『合眾才能和諧』的道理。師父們以行動示教，事與理的和合圓融。我有如此好的因緣學習，怎能不精進！」潘惠珠感動地說。

## 內修外行，依止六和敬

德昕師父細微的觀察與體會，「靜思晨語的講經開場，上人總是說『諸位同修……』，這是上人把在場的每一位弟子、大德，都視為還在『一同修行』，提醒眾人隨時在人群中一起行菩薩道，無有上下高低之分。這是上人謙遜的身教與言教啊！」

精舍主堂啟用時，上人開示，「主堂是道場，無一物，無染塵。」德昕師父體會，「上人的境界『心包太虛』，因為無一物所以無邊際；無染塵所以清淨。」且泛著淚光感動地說，「主堂的無聲說法，是我每天最好的醍醐。所以知客室是『和合室』，是慈濟的人文，以『六和敬』作為力行外接內連的依止。」

德昕師父重述上人對「六和敬」的開示：

**戒和同修**：是勤修戒定慧，息滅貪瞋癡；以戒為制度，用愛互相關懷。

**見同和敬**：是分享見解，互相體諒；目標一致，互相尊重。

**行同和敬**：同修菩提正覺之道，共行善事。

**身慈和敬**：善念付諸行動，合心互助；協力付出，予眾生樂。

**口慈和敬**：以善解眾生心，並包容眾生習氣。

**意慈和敬**：以柔和忍辱，調和心念，隨順眾生。

此為證嚴法師著《淨因三要》中，講解佛門六和敬的意義。

德念師父表示，「知客」顧名思義，即是知道並了解客人的心，主要工作是為訪客提供引見、引領住宿掛單、用餐，及供應茶水等服務。「古代叢林的出家眾，必須常住一段時日，磨鍊自己的心性後，才可以勝任知客工作，才能從中了解人性並得到啟發。」

靜思法脈、慈濟宗門，接引的人各個年齡、階層背景都有，在靜思精舍，知客是接觸大眾的第一線。德昕師父在介紹慈濟時，曾遇一位訪客質疑：「你好像是別人的影子喔！你講上一句，我就知道下一句！」

德昕師父反觀自省，「要如何才能觸類旁通？講得倒背如流，但初發心所剩多少？若再不超越，恐怕會退步。」此後解說時，他總是格外用心體會。

有次，再講起上人在普明寺旁小木屋艱苦修行的情形時，突覺靈光乍現，終於明白上人當初出家修行的動機就是「孝」，是孝心引發上人的慈悲心，發願救度眾生；也提醒了自己，要維持那分初發心，永不退轉。

德昕師父反思，「為什麼要背書？好比挖井，尚未挖到水源時就得『堪忍』，反覆做一樣的動作；也許在別人看來很傻，但等到真正挖到源頭時，泉水就會源源不斷。」

## 多做多得，事事結好緣

「知客是活動性的修行道場。常言無事不登三寶殿，知客需面對的人就有千百種，可謂『真修實練』，亦為福緣善根，需自善珍攝。」德如師父表示。

「生命來到世間，各有使命，於知客而言，誠心誠意最重要。叢林修行事無大小，唯『以善為真，志與道合為大』。每件事都要用心多學習，用心講話不傷人，用心聽話就不傷己。」德如師父語重心長期勉大家，一切當自心清淨無染塵。

「知客室面對各式各樣的問題和人，都要溝通、協調、處理，也是增長智慧的學習。」德杭師父分享「漸漸的力量」的哲理，「安單工作時間雖較長，但我每天多做十分鐘，一星期就有七十分鐘，一個月就有三百分鐘，一年就多了三千六百五十分鐘。」

「我一年多出了的時間，也漸漸多學了許多事，多做了許多事！如果我懈怠了，每天少做十分鐘，加減總和算起來，很驚人！」他體會分秒必爭，多做多得。

「修行者相信因緣果報。『漸漸的力量』，漸漸多做的堅持，與漸漸少做的懈怠，端看自己的心念。」德杭師父深感如果懈怠消耗了時間，來世可能也補不回來。「不要小看十分鐘，年年累積下來，一輩子是可以『囤』起不少福慧資糧啊！」

德杭師父「做中覺」的見解，醍醐灌頂，發人深省！如果原地踏步，一年後仍只有一；若每天進步一點點，一年後會遠大於一。若每天退步雖只有一點點，一年後就會退到近乎零；這一增一減的累積很可觀！

「未成佛前，先結好緣。讓人身心安頓，就是結好緣。」依著「因緣觀」在僧團裡執事，德杭師父始終抱持「結好緣」的心念，「在知客室抱著感恩心，感恩大家回來付出，大家身心安頓好，就是結好緣！」

「輪煮飯，所有吃到飯的人，只要吃到一口，我們就跟大家結『歡喜緣』。」

「洗淨房（廁所），只要進入淨房的人，感覺到清爽乾淨，我們就跟大家結了『清淨緣』。」

長養事事「結好緣」的心念，何等重要！

（撰文／林純霞）

# 導覽

**慈濟是用寸寸愛心，鋪成寸寸路。靜思精舍處處蘊含著有聲無聲的說法、無限的大愛能量，且聽師父們用心「見聞覺知」生妙語。**

「站像一棵松，坐像一口鐘，臥像一張弓，走要像春風，微笑掛臉上，時時好心腸，養成好習慣，生活好輕鬆。」德念師父擅長依境導覽，指向二葉松，將其挺拔堅毅、高風亮節的特質，作成打油詩，提醒大家要顧好「行、住、坐、臥的四威儀」。

導覽執事是知客室接引會眾的法門，自德如師父始，日漸依緣成型。隨著慈濟醫院興建、慈濟列車造訪、營隊舉辦等，參訪會眾增多，德如師父相繼邀請德安師父、德念師父同來承擔。

## 無情融有情，妙用宣說法

有緣來精舍，自是想要瞭解「靜思法脈、慈濟宗門」的發源地，導覽中要如何傳遞這精神是重要課題。德念師父曾照著看板解說，卻常有會眾反映，「我們在大愛臺或靜思堂看過、聽過了！」他反思，「自己要成長！」

因靜思語教學《大愛引航》促發靈感，「把精舍境教的說法，融入導覽元素。」他收集資料，將精舍一磚一瓦、一草一木的「無情眾生」說法，融合成為「有情眾生」說理的素材。

為帶動人文，德念師父以蘭花寫了首打油詩：「蘭花本身有氣質，空谷幽蘭不媚俗；本性一定要很直，心中自然不我執。」期望大家看到蘭花，想起其特質，進而提醒慈濟人生命的內涵，「看到蘭花的優雅，要提醒自己，用心走出氣質。慈濟人右肩荷擔如來家業，左肩挑起慈濟志業，胸前掛著個人氣質。」這是人文，也是慈濟道風。

「縱使生命短暫，但要有豐富的內涵；像流星劃過蒼穹，剎那卻星光耀目。」庭園內麵包樹下，德念師父期望賦予慧命，「麵包樹因火烤後有麵包味而得名。『包』可表擴大的量體，心量要如『心包太虛，量周沙界』的寬闊。」

他以慈濟歌選〈普天三無〉詮釋「包」的意涵，「普天下沒有我不愛的人，沒有我不信任的人，沒有我不原諒的人，心中煩惱埋怨憂愁放下了。」

「要做到『普天三無』很難！」會眾說。

「首先去掉三疑：疑心、疑念、疑惑。有疑心，不會去愛人；有疑念，不會去原諒人；有疑惑，更不會去相信人；三個『疑』如果不去掉，大愛的精神就無法展露出來。」德念師父智慧回應，點出人心的「五毒」——貪、瞋、癡、慢、疑，其中「疑」是障礙眾人難以做到的關鍵無明。會眾頻頻點頭，「再看麵包樹時，我一定會記得師父說的要『心包太虛、量周沙界』。」

「上人說，『聽法不要當水管，聽完就流掉，一定要當儲存器。』導覽一定要幫助會眾留住法！」德念師父謹遵教示，經常做功課尋找巧思妙用，

「口訣記憶法」或「諧音、諧義記憶法」，把植物相同、相似音做連結，融入法義衍生，轉換為生活化的佛法，讓人記憶深刻。

走到枸骨樹旁，德念師父取其「骨」字，連結了勸募骨髓捐贈而道出：「骨髓捐贈有愛心，能讓骨髓全更新，生命健康像星星，家人見得多溫馨。」

「捐髓（幹細胞）取消三等親限制，開放捐贈後，為加速尋找配對成功率，慈濟擔負起宣導的責任。這道門若不打開：第一，找不到配對的人；第二，醫療水準無法提升；第三，正確的捐髓知識無法傳播。」德念師父這一說明，勸募了許多自願抽取血樣者，加入骨髓資料庫的行列。

大自然無聲說法，連結慈濟四大志業，花間樹下也能聞法歡喜。

## 精進增智慧，慈悲化眾生

精舍周邊十一條道路，也是德念師父的靈感來源。精舍前方稱喇叭口的交叉處，往右轉是引導往前山門的道路，稱為「綠蔭大道」，他為之題詩上下聯：

綠蔭大道向前行，楓林樹下觀風景；心靈故鄉向內省，見到精舍就甦醒。佛在靈山莫遠求，靈山只在汝心頭；人人有個靈山塔，好向靈山塔下修。

連接著綠蔭大道的，是兩旁有楓樹夾道的路，稱為「綠蔭步道」，他創作出：「綠蔭音響鳥執著，石頭顛簸用心走，葉子飄落需掃帚，環境清晰亦無憂。」下聯為，「煩惱往外頭，好事放心頭」。

面向前山門，一條供大眾的「朝山步道」，此「菩提大道」為花崗石修築，作成打油詩：「花崗路上向前朝，三步一拜敬三寶；身體力行威儀好，唱誦佛號勤行道。」下聯為，「雙腳能行萬里路，雙手能做天下事」。

德念師父表示，「這段五分鐘的路程，為何要『朝山』？是為培養信心、毅力、勇氣的方法，啟發眾人：第一、縮小自己；第二、健康自己；第三、永恆心裡。只要有心，沒有走不通的路；只要有愛，沒有到不了的山峰。」

精舍另一側緣著邊界的圍籬，修築一條「落羽松步道」，取自《法華經》作成：「寶樹行列莊嚴觀，鳥隻名叫心喜歡，岩石鋪路腳步專，路是道理法輪轉。」下聯為，「凡夫命運隨業轉，菩薩運命法輪轉」。

「凡夫隨波逐流、旋轉而去，萬般帶不走，唯有業隨身。所以上人要我們守本分、結好緣，轉業海為法海，轉惡報為福報。」

慈濟宗門源自於竹筒歲月。德念師父娓娓道來對「竹」的感悟：「竹代表德；竹節代表守戒，竹節中空代表謙卑。有句話，『竹節空心，虛懷若谷』，我們應當要謙卑。竹子一直往上長，是精進；彎而不折，是用自己的軟實力度化眾生緣。眾生緣就是竹筍；葉子代表慈悲，以慈悲心度化眾生緣。」

曾有位慈濟人做了大竹筒，可收納各地歸來的小竹筒，接連倒入善款響叮噹，促發德念師父作成一闕：「錢入竹筒叮噹響，幣落蓮池音聲亮，叮噹付出有愛心，音聲之間得溫馨。」

「上人告訴我們，『一粒米中藏日月，半升鍋裡煮山河。』雖然米粒煮起來稀稀的，但富含點滴心意。如竹筒歲月的義涵，你一滴，我一滴，他一滴，結合起來就是力量。只要我們匯聚一點點的小力量，就能跟苦難人結一分善緣。這是眾人可以一起參與的。」

德念師父從慈濟世界和靜思語，歸納出三項哲理和上人的期許：

第一，理事要圓融，人圓事圓理就圓。第二，福慧要雙修。若我們修福不修慧，大象披瓔珞；修慧不修福，羅漢托空缽。福慧雙修才能「得大智慧，通達諸法」。第三，慈濟宗門必須達到真善美，即具備直心、深心、大悲心。所以上人希望所有的慈濟人，用「赤子之心」來面對人事；用「駱駝的耐力」來承擔使命；用「獅子的勇猛心」來成就道業。

## 廣結眾生緣，無有疲厭行

「導覽是跟會眾結好緣，讓來訪者在精舍找到法喜，這也是修行，所以我每天都很歡喜！」德念師父在無情眾生的說法中，找到與有情眾生對話的資糧與能量。然承擔十幾年也有過瓶頸，「早期看圖說故事，一度覺得非常乏味。德安師父一句話，『上人天天講，也沒疲乏啊！』棒喝提醒，開始尋找自我突破的方法。」面對各種行業及教育程度背景，要有不同的導覽題材。德念師父常在安靜時做功課，疲憊時找資料，「找完後還要體會與牢記，儲存心腦，碰到十方會眾，提取適合題材，話題就會像湧泉般源源不絕。」

導覽時最常被提問的兩件事，「一為慈濟很有錢；二為慈濟如何傳承？」

德念師父回應：「上人對錢有兩個原則：第一不喊窮，第二不炫耀。不喊窮，是因為錢都在每個人的口袋裡，所以我不窮；不炫耀，是因為募來的錢，都是發揮大家的愛心，用到苦難的眾生。所以何來有錢與沒錢的煩惱。有心人，想做慈濟，就是已在傳承；沒有心，也不用傳承。」妙法生蓮的答客問，讓會眾體解上人的宗教家情懷。

慈濟是集宗教、慈善與力行的團體，更是一個修行的團體。上人期勉慈濟人，要以「合心、和氣、互愛、協力」讓團體的脈絡暢通，落實合和互協，就能讓這分長情大愛，從至親、法親，擴展到社區大眾、天下的苦難眾生。

德念師父花了幾天寫成順口溜：「慈濟是一個大烘爐，好鐵壞鐵通通放進去，人與事就像一根大鐵鎚，在烘爐裡叮叮噹噹，久煉就可成鋼。人事的磨鍊是智慧的磨刀石，要不要接受，全看自己囉！」

天災人禍不斷，世界動盪紛擾，也許感到有心無力。德念師父提醒會眾，「做慈濟可得到四種力量：『有大愛』就會有無私的力量；『會守戒』就能散發出德香的力量；『能安定』就會有成就自己的力量；『有智慧』就能去除邪知邪見的力量。」喚起願心，提起為社會付出的使命。

慈濟是用寸寸愛心，鋪成寸寸路。靜思精舍處處蘊含著有聲無聲的說法、無限的大愛能量。「導覽，『導』字，寸寸是道！」德念師父用心「見聞覺知」生妙語。

（文字協作／林純霞）

# 拔苦與樂覺有情

「拔苦，拉拔苦痛，走出悲傷；得樂，走出來做，找回喜樂。」面對人生千般的受苦，總想著如何陪伴他人斷苦、得樂。——德如師父

春陽，驅走了連日的寒意。德如師父與志工一行人來到花蓮縣秀林鄉崇德村，關懷一戶男主人驟逝的家庭。

「他這一世來人間，有這麼好的因緣，勤快又認真的為人群服務；他已回到上帝的身邊了。我們要祝福他！」德如師父緊握著家屬的雙手，流露著愛與關懷。

「我的先生猝死，真擔心他往生前，不知道有沒有很痛苦？」家屬的擔憂掛在臉上。

「看他如睡覺般的安詳，我們要放心。」德如師父的一席話，融解了家屬連日來凝結的悲傷與罣礙。「看到往生者的安詳、家屬沒有遺憾，我才放下一顆懸在心上的掛念。」

人一出生就有苦痛，直到死亡。佛法所云「八苦」：生苦、老苦、病苦、死苦、愛別離苦、怨憎會苦、求不得苦、五陰熾盛苦。每個人都會經歷這八種苦。

「八苦中，人生最後的一堂課——愛別離苦，面對至親至愛的永別，是真的很苦。」德如師父曾經陪伴家人走出悲傷，深知箇中心情。

以這分體解的悲心，德如師父以一念拔苦的心，跨越宗教藩籬，用愛與關懷陪伴無數的家屬，走出悲傷的憂谷。

「能陪伴家屬辦完至親的『人生最後一件事』，讓家屬的心安定下來很重要。」德如師父把握因緣，即知即行。

## 及時關懷，拔苦得樂

「師父，早上花蓮發生一起火警，屋主不幸往生，現在已送到殯儀館了。」一日下午，德如師父在從嘉義回花蓮的火車上，接到知客室志工潘惠珠的通報電話。

「火車到花蓮時間是晚上七點多，我下車後會過去。」

潘惠珠沒想到，德如師父下車後風塵僕僕地趕去殯儀館，向往生者致意並關懷家屬。

「離精舍九點四十分安板還有時間，要把握分秒去關懷。」德如師父雲淡風輕地說：「因為無常，更要把握當下。」

雖言把握當下，卻也是恆持剎那。一位會眾的先生正值青年，因意外往生，會眾頓失至愛，手足無措，終日哀傷；孩子年幼仍在襁褓。德如師父陪伴她的時間，是以年計算。

「一樣生，百樣死。每個人都是父母所生，但離別的因緣各有不同，有的人車禍往生，有的人生病往生……」德如師父關懷陪伴會眾的過程，以佛法因緣觀，慢慢地讓會眾了解、接受事實，「他的因緣如此，要用祝福的心讓他靈安，同時也要感恩過去彼此的相處。孩子還小，要振作起來。」

這位會眾在德如師父多年的陪伴下，生活一步一步地回歸如常。

「關懷要及時！只要有因緣，我就一定會去關懷與陪伴。」德如師父說：「聽到人家苦，我會捨不得；希望經由關懷，讓這個家庭能早日恢復正常的生活。」

是甚麼信念，讓德如師父一聽到有人需要關懷便及時行動？「俗家母親往生時，臺北的法親快速、就近的陪伴俗家親人，讓我體會到關懷要及時的重要性。」

德如師父以自身的經驗，延續這分關懷行動，「慈濟是一個大家庭，家裡面的人有事，當然要關懷，讓家人早日拔苦、得樂。」「拔苦，拉拔苦痛，走出悲傷；得樂，走出來做，找回喜樂。」德如師父把「拔苦、得樂」視為生命關懷的終極陪伴。

而陪伴無以計數的會眾走過「苦苦」、「壞苦」、「行苦」，種種逼惱之苦，德如師父面對千般的受苦，總想著如何陪伴他人斷苦。

「人生真的很苦！」德如師父難得分享在俗家時，經深思熟慮，向母親提及出家的決心：「我不出嫁，要出家。出家好修行啊！」

## 訪貧濟苦，正信正行

一九五四年生的德如師父，自小生長在臺北三重，上有六個姊姊、兩個哥哥。身為老么，媽媽到哪裡，她跟著到哪裡；媽媽四處去燒香拜佛，她也跟著去。

「那個年代的老人家，田頭田尾、大廟小廟、石頭公……龍眼、米糕，拿來就拜；農曆六月初七開天門，晚上十一點半還去拜……古早人的信仰就是這樣。」

隔壁鄰居靜銘（本名李水玉）是臺北區第一位慈濟委員，邀德如師父的母親和她加入慈濟會員。一九七六年慈濟周年慶，靜銘邀約其母親參訪精舍，德如師父鼓勵母親與她一同前往。在靜思精舍，德如師父領受了證嚴上人親自教示佛教儀軌。

「早上第一支香，上人帶領大家做早課，拜大悲懺、誦《無量義經》；另一支香，是教行、住、坐、臥等生活行儀。」

午齋是行堂，「上人教我們食的威儀外，心境也要收攝，不能貪食。進食是為了滋養身體，所以每天要好好運用身體去做好事。」

這一趟的參訪，德如師父和其母親皈依證嚴上人，自始茹素；返家後參與勸募，日日早課，精進拜佛；每年安排回精舍兩次，一是打佛七，一是冬令發放。

德如師父自小跟著媽媽四處去拜拜；認識靜銘後，換跟著靜銘和慈濟委員四處去訪貧與複查，「我們一大早六、七點出門，從臺北訪查到基隆，及宜蘭交界。晚上十一點才回到家。」當中的飲食，是自備便當，「帶著一鍋炒飯，現在叫『師公飯』，好像去遠足一樣。」

除了訪貧，他們也護持很多道場。「上人說，拜佛一定要懂得佛法，要懂佛法就要聽經。那時會去菩提講堂、慧日講堂，靜銘師姊也去一些寺廟，認識一些蓮友，勸募功德款。」

去慧日講堂，主要還是慈濟每月二十八日在此的慈善發放。「師公的道場，是一座非常清淨的道場。」德如師父表示，印順導師提倡人間佛教，平日不做法會，唯有兩個星期一次的共修：一是《金剛經》，一是《觀世音菩薩普門品》。

「一年舉辦兩次佛事：七月地藏法會，九月藥師佛七。」無論是共修、法會或佛七，德如師父所見到的慧日講堂和其他寺廟不同，「在法會後有蒙山施食，就是普渡；只擺了四盤水果、四盤糖果，就是這麼的乾乾淨淨。」

慧日講堂，是繼靜思精舍後，讓德如師父認知到正信佛教的道場樣貌。

**知苦了苦，入群修行**

德如師父參訪靜思精舍後，便萌生出家念頭；認識了正信佛教的道場，出家之念更甚。日後母親催促她出嫁，她回以想出家，遭母親反對：「你待在家裡，沒結婚也沒關係。」

「女孩子不是出家，就是出嫁，總要有一個歸屬。」她嘗試說服母親，「出家跟在家是不同的。出嫁的話，您們要去找我不方便；而出家，您們可以常常來。」

一心出家的念想，德如師父幾次到精舍參與佛七及發放，謹記上人曾說，居士來到道場，要發心一起做事。遇上還未出家的德和師父執香燈，她遂主動幫忙。

一九七八年，已圓頂的德和師父至臺北松山寺受戒，印順導師是得戒和尚。德如師父思忖身為慈濟家人，當前往關懷；二來將來若要出家，亦需了解佛門中事。於是，她每日下班後，從三重坐車到松山寺，「禮佛一炷香，整整一個月。」

她不在受戒之列，只能在門外拜。一次，有位老人家趨前對她說：「小姐，您這裡長了一粒瘡，要趕快去看醫生。」指的是「面中」處有些紅腫。德如師父雖感無礙，但老人家好言勸說離松山寺不遠處有一位阿伯，趕快去讓他看。

「到了那裡，驚訝有好多病人，各形各樣的都有。」就現代醫學而言，可謂各種癌症等病人，彷彿人間地獄，「人間怎麼這麼苦……」

阿伯給了她六支藥膏，交代回去擦抹，好了即不用再來。「我擦了藥膏後，第二天就化膿，之後就恢復且無疤痕。」面上雖無留下疤痕，但心裡卻烙印了眾生病苦相。

體悟到人間多苦，德如師父更加篤定出家。一九八〇年，由於靜思精舍三位師父即將前往受戒，諸多工作需要人手，她遂於十月下旬入住靜思精舍。

正式成為精舍近住女，他跟著晨起早課、恭聽上人開示；午間一點三十分拜佛，一字一拜；晚間，上人教他們唱誦。「後來上人忙於醫院籌建，由慈師父帶我們。」

下午，大夥兒出坡下田，「種菜要施肥，都用水肥灌溉。在家時不曾做過，都是慈師父和昭師父教我們。」

「輪煮飯時，慈師父會到大寮教我們怎麼煮。」德如師父提及早期執事，都是一人承擔許多工作，「要洗菜、切菜、排碗筷，還要擦桌子。煮什麼菜都是一個人做，還要處理『供飯』。」

「下午出坡後接著晚課；晚課做完，六點用餐，然後沐浴。」輪執事外，還需做高週波嬰兒尿褲等手工，有時做到天色很暗，快速沐浴後，又到辦公室整理功德會的資料。「白天為精舍生活工作，晚上則做功德會的工作，直到九點安板。」

「就一個辦公桌，包裝蠟燭、月刊校對，還要撰寫照顧戶的資料，整理善款等。」《慈濟》月刊出刊後，弟子們會與上人齊聚辦公室包裝，有時還得鋪在中庭作業，「還有跟著上人一起做冬令物資發放。」

慈濟列車載來會眾參訪，需搬椅、排椅子；慈誠樓等寮房增建工程，當小工、綁鋼筋；後期的營隊活動，承擔工作人員……

「所以時間沒有空過，也沒時間起煩惱。」若得空，大家會在晚上七時三十分與上人一起看電視新聞報導，「看到八點，上人進去書房。」

「那時的生活都是省吃儉用，很少出去買菜，都是菜園種的，有什麼就吃什麼，久久才買一次豆包。」現今德如師父見後進者煮豆包，常想起早年歲月，「以前一塊豆包都是切薄薄的，不像現在是用整塊。」

## 竭盡本分，心淨無染

一九八二年十一月，德如師父與晚些來的德安師父，同日圓頂出家，法名悟玄，法號德如。一九八四年，他與德安師父、德宣師父、德宜師父四人，同到臺中慈善寺受戒，圓滿了出家之願。

一九六九年，靜思精舍落成啟用後，證嚴上人與五位弟子自力耕生下，還要做慈善，濟助貧苦。有客人來訪，都由上人全程接待與解說。後來花蓮慈濟醫院啟業，醫療志工自各地來服務，晚上均安單在精舍。晨起，志工們上完早課，早齋結束，跟著常住師父打掃。等待去醫院服務的空檔，上人見眾人無事，便走出書房與大家座談。日後人數逐漸增多，座談地點從辦公室移到中庭，形成今日的「志工早會」。籌建醫院期間，上人每個月行腳至臺北，北區會員逐漸增加，來精舍參訪的會眾也多了，換由德慈師父接待參訪。

慈濟醫院啟業後，德如師父入院接受中耳手術治療；幾年後，因腹腔疾病，再次入院手術治療。出院後，返回精舍調養，習慣了日子不空過的他，難能清靜地沒做事，總會走出寮房到樓下來。

「見到訪客或師兄師姊，我都會招呼。」雖然常住師父們向來較為內向，不諳招呼，但上人鼓勵弟子，以真誠的心，誠意地招呼，讓每個人來到精舍，就像回到自己的家一樣。

依師教導，德如師父親切的招呼、誠懇的接待；日久而形成了「知客」與「知客室」的成型，「一個接引而可以談心、訴苦的地方。」

知客室形成，若有人來參訪，有苦訴苦、解苦；無苦者，常住師父為來者導覽，話慈濟。參訪者與日增長，德如師父忙不過來，便邀約德安師父同來支援，也可同步照顧前來安養的「安媽媽」。
隨著參訪、營隊活動增多，精神研討會課程，他邀約德宣師父講述學佛行儀，並親自示範。「後來加入念師父、昕師父、昀師父，如今又有杭師父、柱師父、格師父……」
德如師父表示靜思精舍的知客，是身兼「數」職，不同於其他寺院。為了配合入世工作，知客師父除了上述工作外，還有早晚課的招呼、住宿寮房的準備、介紹慈濟志業，以及輔導前來尋求心理諮商的會眾，工作多樣化。
多元化的知客執事，絕非兩、三位師父可以勝任周全，時而需要支援，「精舍的照客工作，是精舍每一分子的義務與責任，也有機會參與的。」「靜思法脈的精神理念，是在勤行道，真正的落實，是在人間路、人群中。」知客室任務繁重，人來人往的判斷要很細心，身口意要多用心！「我不只是在工作，每天都當作在修行。」

「從一九八九或九〇年，承擔知客三十幾年了……」德如師父的日常，若不在知客室泡茶接引會眾，傾聽種種心苦，可能又外出關懷法親的生老病死、愛別離等苦，用各種法門陪伴會眾知苦、斷苦。

「知道不去做，是罪過；而不知道，沒有因緣，就只能錯過！」在知客室裡，德如師父一邊泡著茶，一邊分享關懷會眾愛別離苦的一念心思，「這是我們出家人，該做的本分事。」

「竹密不妨流水過，山高豈礙白雲飛。」德如師父的修行日常，仍一抹清淨，不染塵勞。

（文字協作／林純霞）

# 至誠感通眾生心

「心不夠至誠，面對會眾就不得體。」隨時隨地修持「至誠心」，以歡喜心面對每位會眾，更把「至誠意」放到便當盒裡。——德安師父

「到靜思精舍參訪，要離開時德慈師父問我，『您坐幾點的車？』」

「客運是三點多開，五點左右就到蘇澳了。」德安師父說。

「您等一下，我去攢（ㄘㄨㄢˊ準備）便當。」

德安師父回應德慈師父，「不用麻煩，客運一個多小時就到站。」然而德慈師父已快步往大寮方向去張羅了。

那是一九七九年，德安師父還是在家居士，再次來精舍參訪，離開之際德慈師父追著過來，暖心一問，令她銘記於心！

「後來到精舍常住後，發現不只慈師父關心『便當』，昭師父、和師父、如師父也經常為來訪的會眾攢便當，方便他們回程食用，免於餓肚子。」德安師父說。

早年精舍生活相當拮据，常住師父仍貼心關照來訪的會眾最細微卻重要的民生「食」事。而今，也常不經意地聽到德安師父問候來訪會眾，「吃飯了嗎？」「等我一下，我去攢便當！」這是他二十多年來，持執知客的貼心問候。

「準備便當，是上人教我們的。」德安師父傳承上人及長老師兄的言教與身教，「一只便當的『溫度』，代表著家的『溫暖』。」

曾經一位來自海外的學者參訪精舍後，有感而發地說：「從『便當』看到慈濟的人文。這股人情香讓人難忘，也讓人難以不加入慈濟的行列。」

**家計重擔，母女並肩挑**

「其實，我本來不適合做知客執事。」德安師父初來精舍常住時，一心所想是過著農耕的修行生活。對於自己曾經的執著，他淺淺一笑，「從小我就非常害怕面對人群。小時候外出要包頭巾，深怕碰到熟人。」

德安師父生於一九五七年，是家中的長女，排行老三，有兩個哥哥、兩個弟弟、一個妹妹。她從小看著操勞的母親，在凌晨一點採收番薯葉，紮束成一把一把，然後摸黑挑擔越過山頭去叫賣，一趟來回六個小時。看到一肩扛起家計的母親，想到長期生病的父親，身為長女的她，一心一意想為母親分憂解勞。

八歲起，她幫忙母親擺麵攤做生意，還要挨家挨戶賣枝仔冰；國中時母親又賣圓仔湯、圓仔冰，一直到高中賣搖搖冰等。這一路的生計重擔，母女倆並肩挑起，任勞任怨，相互扶持。

十歲那年，有天父母不知何故發生爭吵，以致母親傷心欲絕；為了家計，日夜辛勞，身心俱疲，竟得不到先生的體諒。

當晚臨睡前，德安師父心神不寧，感覺氣氛異常。凌晨一點她起身如廁，卻發現母親上吊了。眼見還在搖晃的身軀，一股救母的意念衝向前去，使出全力抱下母親，挽回了一條命。

事後德安師父不解，當時骨瘦如柴的她，何來的力量抱起母親？那是愛與孝心所致。從此母女情感日愈深厚，母親對她的依賴與日俱增。

到了小學五、六年級，因操持過多的家務，她的學業功課只能草草了事，老師不明就裡，予以責罰。她心生恐懼，有好幾次逃學去山上撿拾柴火。再多的工作對德安師父來說，從不覺得勞累，唯一擔心就是上學。讀書成為夢魘，但是父母仍鼓勵她向學，及至高中年齡，勉強上了夜校。然而，白天要協助母親做買賣，晚上放學還得幫忙收攤；隔天一早，又得幫母親張羅生意。德安師父心有餘而力不足，在高二下學期輟學了。

她從小身子虛弱，為了家計又操勞過度，病不離身。十六歲時，篤信佛教的父親告知持「觀世音菩薩」聖號，可保佑身體健康。於是，她開始誠心念佛，並深信大聲持念能得佛菩薩的庇佑。

得空她還到蘇澳白雲寺拜佛，白雲寺的法師與靜思精舍一位師父相識，法師的母親因此成為慈濟幕後委員，而十八歲的德安師父也加入慈濟會員。做好事外，她持續大聲念佛，祈願村裡祥和。父親說她太大聲，鄰居認為她吵；母親一度因煩躁，沒好聲色地說：「你每天這樣念佛就會飽，都不用工作了。」

針對母親的叨念，德安師父回應，「我想身體健康，可以幫您做更多的事。」她自認不是跑出去玩樂，只是在念佛，為何母親還生氣？

她內心不服，以兩眼相瞪，被鄰居撞見加以勸導，「要懂得孝順。花蓮有位師父，你去請教他什麼是孝順？」

來到花蓮靜思精舍，她見到了證嚴上人，「請教師父什麼是孝順？」上人回答：「面上無瞋真供養，口裡無瞋吐妙香。」她若有所悟，從此對母親不再感到心煩，「之後媽媽罵我，再也不生氣了，比吃藥還好用。」

## 觀望七回，堅定修行路

一趟靜思精舍之行，德安師父念佛念得更大聲了，並至心發願，「早日出家，全家吃素共修」、「早日遇到善知識」！還特地去寺廟學習素食烹飪，一邊煮著，一邊念佛、祈願，「家人都覺得很好吃。」「真的不可思議！」九個月後，全家都吃素了。她相信心誠則靈，日日虔心念佛，進而發願「早日出家，道心堅固，童真入道，遇善知識。」

一九七九年初，她第二次來到精舍，正逢慈濟功德會冬令發放。離開時，德慈師父為她準備的便當，令人感動萬分，「這個出家人怎麼這麼好？送我便當，又送蠟燭。」

翌年，二十三歲的她，父親鼓勵再去讀書，她卻想到寺廟當「菜姑」。「你要出家，一定要先讀佛學院。」父親在她臨行前贈言一句，「世上唯有讀書最尚佳」，並提醒「毋通做菜堂的桌布」四處遊走，要在固定的道場修行，專心學佛。

因緣錯過佛學院的招生，她轉而幫忙一位弘法的老師煮飯。後來老師去了馬來西亞，不知何去何從的德安師父，想到了證嚴上人，於是三度來到靜思精舍。

「我來住看看。」一九八〇年十月，德安師父入住靜思精舍，但尚未決心出家。然而見德和師父在種菜，心裡歡喜十分，感覺精舍生活環境和自家很類似。時值冬令發放暨感恩戶歲末圍爐，德安師父洗碗盤到晚上八、九點，竟毫無倦意，且滿心歡喜。

半年後，有天德安師父打坐，忽然想起欠人一千元未還，便向上人告假，請准予回去賺錢還債。沒想到上人給他一千元償還，要他專心修行。德安師父被上人的德行感召，於是發願緊隨上人精進修行。

一年後，德安師父的母親捎來入新厝的信息，沒想到上人竟然買了一個電子鍋和一個熱水瓶，讓德安師父帶回家作賀禮。他內心滿溢一股溫暖，心想哪兒去找這麼好的師父，一定要好好跟隨。

一路步步體悟修行的真諦，在德安師父成為近住女的兩年後，誠心請求上人，「師父，我想跟從您出家。」這一說已是七回，「大概半個月提一次，上人都說你多考慮。」

第七回，他堅定地說：「不用考慮，我真心要跟從您出家。」他欣喜萬分，與德如師父兩人一同圓頂出家，獲賜法名悟念，字德安。是時，一九八二年十一月十四日。

德安師父出家後，依然念佛、發願不離心，「我出家第二年，大弟和妹妹也出家，連爸爸都出家。」後來他的母親帶著小弟——精舍裡人稱阿喜伯，一同來到精舍常住，「我們一家八個人，有六人修行。」德安師父說。

「我很喜歡發願；不是發空願，是誠心誠意。」

## 一心至誠，自度且度人

從小一心想賺錢的德安師父，因自卑感而不善與人交往，沒知己也沒朋友。因不喜接觸人群，初到精舍只想耕田種菜，母親還送他兩把鋤頭。「我從小就種菜，知客只是動口說，我其實不喜歡。」他還有一項執念，是對培「福」起分別，「當時認為知客沒有什麼福報，種菜給僧團吃比較有福。」

後來俗家母親的一場病，改變了德安師父在精舍設定的執事因緣。連續七年照顧中風的母親，使他無法與常住眾輪替執事。德如師父因此鼓勵他到知客室共同承擔，為訪客介紹慈濟，藉此訓練表達並兼顧照料母親。「知客的機動性高。」他因此接下極需人手的知客工作。

「上人鼓勵我，用至誠的心接待訪客。」這句話，安住了他面對人群惶恐的心。

上人或許知他小時自閉，常在一同工作時說故事給他聽。而他也找到述說慈濟的解方——努力向知客室師父請教，日日專心恭聽上人晨語開示，也在志工早會吸收慈濟志業發展的訊息，「這些資糧就是我每天導覽最新鮮的題材。」

他一邊知客導覽，一邊照顧母親，見母親病情起起伏伏，遂發下一個大願，「只要母親病情不再突然惡化，我要募到五十萬個會員。」因緣不可思議，其母親真的減少了突發惡化的頻率，讓他多出許多時間照客、導覽、募會員。

「當時正是上人呼籲人間菩薩大招生的起步。我發下這個願就得實踐，從此跟著願走，募心募愛。」

「菩薩們早安！您們來自哪裡？」德安師父溫馨地問候訪客。

「我們從高雄來！」

「您們有看到烏克蘭逃難的孩子說：『我不想死！』的新聞畫面嗎？」

會眾點點頭說，「戰爭可怕，人民可憐啊！」

「我們一起祈求社會祥和，人心淨化，天下無災。」過年期間，他在精舍山門口簡易佛堂前，帶領這一家人虔心禮佛後祈禱，一一投下念念善心與念念祝福。在COVID-19防疫期間，參訪會眾減少，德安師父仍有方便法門募心募愛。

「導覽最高紀錄，曾經一天帶了十六團。」德安師父笑稱，「連喝水、休息時間都要找小縫隙。」

導覽過程不小心也會起煩惱，「要時時顧好心念。」德安師父舉出自己「心走位」的經驗，「有一次真的累了，可能面色不好，導覽時欠缺情感，被訪客發現了。」

「師父，我們自己參觀就好！」訪客對德安師父說。

「沒關係！」德安師父回應。

沒想到，訪客嚴肅地再次表達，「我們自己參觀就好！」

「心不夠至誠，面對會眾就不得體。」德安師父在這次的經驗中，深刻體會到上人的教示，「千金難買誠心！」

那次被訪客婉拒的經驗，讓德安師父更加戒慎，隨時隨地修持「至誠心」，以歡喜心面對每位會眾，更把「至誠意」放到便當盒裡。

「有天志工早會後，我為兩位會眾導覽，因為他們要搭十點左右的火車，我半跑著到齋堂，為他們準備便當。」德安師父談起這樁往事，歡喜溢於言表，「沒想到這兩位會眾是有備而來。」

原來，他們聆聽了志工早會和導覽，外加兩個暖心便當後，篤定「慈濟就是我們要護持的團體！」在離開前，虔心慨捐、隨喜布施，可謂是「至誠心的互動與感動」吧！

「其實我每次攢便當，一定不提捐款的事。」德安師父的原則是，唯恐會眾誤解送便當是為了募款。那次他送上兩個便當後，一如往常地離去；事後收取功德款的師父說起，他才明白過來。

此外，德安師父為人攢便當的另一個信念是，「一人吃素，就少吃一個動物了。」

## 一方福田，精進用心耕

除了攢便當，德安師父與人印象深刻的，還有午間祈禱時原地站定、合掌，大聲唱誦〈祈禱〉的身影，聲音遠揚幾乎全精舍都聽得見。

「二〇一七年，有天聽到上人講述兩次，內湖環保站有個老菩薩七、八十歲，每天午間一點三十分祈禱，都是就地合掌。」

德安師父為訪客導覽、攢便當後，再返回齋堂用完午齋，已近一點三十分祈禱時間；有時訪客還未離去，便就地帶領訪客面向主堂，虔心合掌，跟著大聲唱誦〈祈禱〉，「祈願一切眾生皆能聽聞佛法，而離苦得樂。」

從不情願到甘願，從分別心到無所別，德安師父在知客室一方福田，耕耘已二十五載，心早已安住。如今他導覽時巧妙運用俚語，總令參訪者會心莞爾。「現在回想，母親還真是我的善知識。」

「勤能補拙」是德安師父學習路上的座右銘，精進自我訓練，才有今日流利的口才。在慈濟日本分會五周年慶，安師父前往說慈濟，也到柬埔寨、菲律賓、新加坡、馬來西亞及中國大陸等地賑災發放。他萬分感恩上人給他很多學習的機會，不僅開闊了視野，更啟發了智慧。

「真的好感恩上人，這四十五年沒有白來。」回想當初只是來住看看，沒想要出家；而今近七十的他，發願生生世世要跟著上人出家，力行慈濟菩薩道！「愈了解佛法，愈覺得出家真的很好。」

「五十萬會員，圓滿了嗎？」

「現在想來，那是我設定的化城。」他堅定地說：「那是生生世世的無量戶。」

幾十年來德安師父歡喜迎接訪客，唯有一個信念——把握時間，以報答父母養育之恩及師長的教誨恩德。他感恩上人和師兄們的包容與教導，使他由迷信轉入正信，不再執著念佛拜佛才能得到庇佑的觀念；使他由煩惱心轉為清淨心，拳拳服膺佛心師志；使他珍惜與母親的歡喜因緣，奉行孝道。

「知客導覽，累不累？」

「法入心，就不累。」德安師父說：「這一生能做利益人群的事，就很滿足了！我還在學習中……」

說完一個轉身，「我要去種菜囉！」忙碌之餘，德安師父把握零碎的時間，騎著三輪車，後斗載著工具，往飄來陣陣泥土芳香的田畦方向，揚長而去……

（文字協作／林純霞；部分資料來源：〈靜思精舍常住師父略傳——德安師父篇〉）

# 自力耕生

自給自足

自淨利他

# 不掉淚的蠟燭

**儘管時代變遷，自力耕生之一的蠟燭，燭光依舊閃爍，始終守護著靜思僧團，五十多年來如一日，燃燒自己、照亮別人。**

證嚴上人年少時聽母親的朋友提及，身上沒帶錢就不好意思到寺院；因為見到出家人若非供養，至少也會打齋或「添油香」投入功德箱。當時的他不解：「到寺院一定要捐錢添油香嗎？沒錢的人就不能親近佛教嗎？」日後認識正信的佛陀教育後，他深感社會誤解了佛教和出家人，發願有朝一日出家，一定要自力耕生，不接受供養。

證嚴上人期勉隨他修行的弟子：「我們人雖窮，但志不能窮。一個人能吃多少呢？我們不需要接受供養。既發心修行就要守住本分，以『赤子之心、駱駝的耐力、獅子的勇猛心』精進『為佛教』；靠雙手自力耕生，磨鍊自己不怕勞苦，將來才能進一步『為眾生』付出！」

師徒不受供養、不做法會，也不化緣，身無長物，生活入不敷出。有時種菜或採野菜，或五毛錢的豆腐用鹽醃漬，每天切一小薄片配飯，成了一個月的主菜。克難拮据的生活，上人惕勵弟子們「忍人所不能忍」，也不許他們向俗家求援，唯恐養成依賴心。

師徒幾人借住普明寺時，向寺方借用後方荒廢的五分旱地，種植花生和番薯等，每天晨曦荷鋤挑犁，忍受霧氣風寒，過著農禪生活。又相繼編織毛衣、糊水泥袋、縫製嬰兒鞋等代工，補貼日用，奉行百丈禪師「一日不作、一日不食」的清規。

上人曾言：「靜思精舍的僧眾，都是真心出家，不是為逃避家庭責任或外面的辛苦，不是把這裡當作避風港，是真正的為眾生鋪路。精舍日常用度與對外賑濟社會基金分開，清清楚楚、明明白白。」

## 自力耕生磨心性

精舍常住以自力耕生維持生活所需，歷年來做過的工作有——織毛線衣、田園耕作、糊水泥袋、嬰兒鞋、織棉紗手套、工作用布手套、外銷成衣加工、外銷皮件代工、木板雕刻、漏電斷路器零件、高週波嬰兒尿褲、種植菊花、珊瑚項鍊代工、塑膠花組合、猴子爬樹塑膠玩具組合、手拉坏陶製品、切壓化妝品瓶蓋塑膠內墊、薏豆粉、薏仁粉及蠟燭等。

靜思家風綿延久遠，也是慈濟功德會成立後的一貫堅持。常住眾「一日不作、一日不食」，從衣食用度到信念思惟，也從勞務中修行，多年來傳承克難精神。他們來自不同背景，有的曾是教師，有的跨海而來……用心投入原本不擅長的執事。

德慈師父回憶，從一九六四到一九九一年間，常住眾做了二十一項手工。「不掉淚的蠟燭」是第十四項手工品。

製作蠟燭的因緣，源自上人「珍惜物命」的一念心。早年上人去義診所時，偶爾會到委託行買些蠟燭，在大殿供佛，二十四小時點著；但傳統的蠟燭點燃後燭淚涔涔，滴在桌面既不惜福又不乾淨，便思考如何讓燭滅油盡，完全燃燒。

那時買來的蠟燭顏色較深，上人會用個小木炭爐等簡單器具將其熔解，再加一些白蠟來淡化色彩。起初以黑松汽水玻璃的杯子做模具盛裝蠟油，冷卻後卻拿不出來，繼而嘗試多種器皿，如排水管、鐵杯、銅杯、竹筒等；燭芯也多番取材試用，希望不會冒黑煙，蠟油可燃到點滴不剩，毫不浪費。

經數年斷續地試驗，直到一九八一年，上人的智慧巧思以養樂多空罐作為模具，以香為燭芯，蠟油冷卻凝固後剝除罐模，包上透明紙外衣，終於研製出晶瑩剔透的「不掉淚的蠟燭」。

德慈師父言：「上人說用香，一方面可供佛，燭芯也不像棉紗芯會倒下而掉燭淚。」德劭師父說：「香芯插上鐵片的設計，是上人的智慧發想。」

一九九八年他還在慈濟技術學院就讀，到精舍幫忙時聽聞長老們說起。

現今承擔做蠟燭的是德禎師父，他與德劭師父一同表示：「買來的香枝需要『蘸香』，即浸入蠟油，讓油滲透進香枝才能點燃。蠟油很燙，要戴手套，早期大家常被噴到、燙到。旁邊會放個鋁製平式湯盤，浸過蠟油的香拿起來瀝乾，再放到湯盤上散熱，再用電風扇把香吹涼。待香枝冷卻後，另一人要趕快收起來，才有空間放置接續而來的蘸香；這些都需要人力。」

早期做過手工蠟燭的師父有：德仰、德和、德念、德旻、德定、德禕、德悌、德晴、德僑、德樸等師父，皆是考驗與修行的歷練。

## 從手工到半自動化

德和師父表示，早期自製蠟燭除了供佛，僅與慈濟委員或參訪的會眾結緣。如每年冬令發放結束後的晚上，上人和委員志工們會聚在大殿進行有獎徵答，禮物就是蠟燭。由上人出題，答對者有六顆蠟燭。結束時通通有獎，每人兩顆，大家很高興的帶回家，可點光明燈。

慈濟志業開展之初，自一九七〇年起帶動中部地區慈善會務的達宏法師，定期會來精舍。他提到有些委員是佛教徒，很歡喜上人送的蠟燭，捨不得用又沒得買。他向上人建議，若能對外流通，委員們可以請購來供佛，也可增加精舍常住的收入。於是，不掉淚的蠟燭自一九八二年對外流通。

對外流通需要更多的養樂多空瓶，常住眾便到北埔的環保站揀選帶回精舍，把瓶子切半，取需要的，不要的則還回去。留下的那一半，用肥皂洗淨後作為模具，使用過後再回收給環保站；一個瓶子只能使用一次，要做時再去揀選。後來各區的委員也幫忙收集養樂多空瓶，一批批的送回精舍以供製燭之用。

德和師父說起製燭，當時是在地面鋪上厚紙板，將空瓶模具一個個、一排排的擺好，中間留通道，方便工作行走。把熔解的蠟油倒進小茶壺，再倒入每個模具內，量要剛剛好；太少不能成型，太多溢出來浪費。待蠟油降溫插上燭芯，冷卻成型後，用薄刀片挑出來，「脫模」完成，再將成品一顆顆地擺好在托盤上。

常住眾白天執事完畢後，晚上沒事就在辦公室包裝蠟燭。包裝材質是選用有一層保護膜的年糕紙，能承受住燭淚不掉落。上人包裝中間那層，弟子們再包底層，再以白膠黏貼，最後綁起來。

德和師父說：「『不掉淚的蠟燭』對外流通後，花蓮有些修女也會來請購白色的。精舍原本只做白色，後期才加做其他顏色。」

如今製程已改良為半自動化機器作業，提升了生產效率。而半自動化機器製造的模具，也歷經幾代改良。曾用「矽利康」當模具，一塊矽利康可做一百顆蠟燭。但因它有熱脹冷縮的特性，蠟燭冷卻時用手去拔，愈是中間愈難拔，還會弄傷手。

一九八四年底，有位從事藝術蠟燭製作的師兄來參觀，將其淘汰的模具送給精舍，但需要以木槌從機臺底部反敲，一顆一顆地往上敲，經常會敲到手，一片瘀青是常有的事。一九九一年又有志工發心協助，改良成蠟油灌注後，用手搖就能將蠟燭升上來的半自動化機器；再經改良，手搖式改為按鈕式，又更加省時省力。

「按鈕一按，一顆顆蠟燭就像『地湧蓮花』般地冒出來。觀想一朵朵的蓮花，整排的從中湧出，心裡是滿滿的感動。」德和師父說。

不掉淚的蠟燭製作，至今仍停留在半自動機器方式，是因上人表示，人生要能發揮功能，若全部採用自動化生產，人將失去生命的意義。

## 點燃智慧心光

精舍做蠟燭沒去計算成本，完全是以虔誠心，作為供佛用。坊間用棉芯可直接用機器插上。「不掉淚的蠟燭」是買香來作燭芯，非不惜成本，而是以一分恭敬的心。

以香作燭芯，粗細要適中，太細燭光較暗，無法完全燃燒而浪費；太粗燃燒較快會有些黑煙。所以買回來的香，要依粗細仔細挑選。

「因為是要供佛，一定注重最好的品質。」德和、德禎、德劭等三位師父均表示，除了保持蠟燭的乾淨，品質和溫度要控制得當。太熱時模具收縮，蠟油會流出；溫度不夠時，蠟燭表面會皺皺不光亮且霧霧的；太冷時氣泡會很多。

「以前是靠手去感受溫度，現在熔蠟的機器有溫度計，便利很多。」養樂多瓶模具時代，溫度大約在攝氏七十五到八十度之間；機器生產則在九十到一百度之間，都是從做中累積經驗。

不掉淚的蠟燭歷經自用、與委員結緣，到對外流通，及每年「歲末祝福」上人點燈和作為結緣品，需求量曾讓常住眾忙得非常歡喜。如今歲末祝福改用較環保的蓮花燈，一般家庭也較少點蠟燭，需求量遂減緩。

曾經有回到精舍出坡的志工表示，既然蠟燭需求量減少，可否就此停產。然而上人表示，不掉淚的蠟燭不能停，因它是二十一項手工之一，人要懂得飲水思源。

精舍至今仍持續製作蠟燭，輪執時要善護身心，因為「冷熱交加」，一邊要加熱熔蠟，一邊要讓蠟油冷卻成形。「插燭芯」更是門大學問，要憑感覺找到蠟燭的中心點，把心靜下來對準方向插入，力道適中才會成功。師父們常與來體驗的會眾幽默地說：「插燭芯可以訓練禪定功夫喔！」

蠟燭間搬過好幾次家，目前坐落在「慈藝坊」旁。儘管物換星移、日新月異，大殿佛前的燭光依舊閃爍，宛如守護著靜思僧團，五十多年來如一日，盡一己心力，燃燒自己、照亮別人。

（釋德諦文字協作；部分資料來源：《慈濟世界》手冊）

# 豆元粉

**工廠即「道場」，心宅即「殿堂」，口說好話如「誦經」，日夜付出即「行經」；挑揀、洗晒、熱炒、乾爆、磨粉……圓滿的產品，祝願每一位食用者健康平安！**

早先在慈濟各分支會流通的薏豆粉、薏仁粉，是靜思精舍自行生產且頗受歡迎的營養食品。從豆子的挑揀、洗晒、熱炒、乾爆、磨粉，到秤重、裝袋及運銷，是採半自動化生產，大部分是要靠人力。證嚴上人說：「做人本來就是要做事，半自動就好。」

「早期做不掉淚的蠟燭，雖對外流通，但還沒能改善精舍的生活，真正好轉是做了豆元粉之後。」德和師父提及這段自力耕生的來時路。

「豆元粉」即是薏豆粉。德和師父提起這段因緣：「一位高雄委員的家人是中醫師，想著上人身體不好，又過午不食；他們做了豆元粉來，簡單沖泡後上人就可食用。」

當時精舍舉辦佛七，也有人過午不食。這位委員特地做了薏豆粉，讓需要者取用。因反響不錯，常住們考量將此成品讓精舍流通，以添補常住生活。德慈師父與幾位委員向上人提議。上人愷示，若要做，請他們提供配方，常住自己做，不然就不做。「上人擔心精舍變成百貨公司，十方大德都想推薦他們的產品來流通，我們自力耕生的原則就站不穩。」

透過德慈師父的弟子純賢師父，其俗家姊夫引介用爆米香的機器來製作，「由慈師父、仰師父和純賢師父三人前往學習。學好後，慈師父試做，我們幾位跟著學做。」德和師父說。

## 手作豆元粉，自力耕生穩

豆粉的主要材料是薏仁，洗、晒薏仁就成了常住的一項日常。德和師父記起那段忙碌充實的日子，「我們常常是乘著天氣好搶晴天，早課下殿，用完早齋，趕緊去備料。薏仁因吸水量大，不能久泡，清洗時動作要很快。」

薏仁洗好倒到篩子上濾水，再鋪平於板子上，拿到太陽底下烘晒。約九點至十點間，再拿鐵扒子翻動，以確保粒粒薏仁都均勻晒乾。

若沒鐵扒子就趴蹲著用手翻。下午若天氣好，大約兩、三點便要收。「晒薏仁或豆子時很緊張，因無法掌握天氣，所以一定要搶時間！」德和師父說早期是在大殿前的空地晒；量多時從小廚房開始擺起，直到大殿前「慈濟蓮花 logo」處，整個空曠地全擺滿，很壯觀！

只要變天，一聽到下雨，大家從四面八方出來，包括上人也從書房出來，一起搶收正在烘晒的薏仁。晒乾後還要挑揀，將薏仁倒在桌上，大家圍坐著剔掉雜質，把剔好的薏仁放入袋子，再拿去「爆粉」。

「爆粉」是兩道工序。先爆薏仁再磨粉，大家習稱「爆粉」、「爆米香」

或「爆豆子」。最早是在一間倉庫裡，隔出三面牆的空間稱為「粉間」；兩部機器爆豆子，一部機器磨粉，一邊磨一邊得有人倒料，所以常是兩人一起輪執。

德和師父描述，當時是用爆米香的機器爆豆子，響聲很大，要喊「要爆了啊！」提醒周邊的人注意。「砰」的一聲，緊接著一股「米香」衝脫而出！附近有些務農的老人家常訝異，為何砰一聲後總有一陣香氣？

「因為材料有薏仁、豆子、蓮子等堅果，所以很香！」爆好後加進炒好的豆子及其他配料，一起磨粉後攪拌均勻，再行包裝。

包裝是將粉倒在大鐵盆裏，以手工裝袋，再用封口機封裝。「封口機是用腳踩，一包一包的踩。較固定踩封口機的是恆師父和仰師父；我是包裝居多。」德和師父表示，早期常住人力少，都是分工合作才能把一項工作完成。

那年代精舍自製的薏豆粉廣受歡迎，「大家看我們把豆子洗得很乾淨，又爆得非常香。尤其參訪的會眾正好遇上爆豆子，現場試吃很香又好吃，就會想請購。」當時精舍還未設流通處，也沒有慈濟分會或靜思書軒來對外流通，推廣端賴會眾參訪時的護持。

德和師父淺淺一笑，「早期的人心念單純，互相會說在佛祖這裡買的，回去吃平安！」

「蠟燭是信佛的人才會點，流通量不算大。豆元粉是營養品，也是消耗品，若每天食用流通得很快；加上委員慈誠常以薏豆粉為伴手禮，致贈會員、感恩戶等，營養又美味。常住眾先後做了不少手工，直到做薏豆粉，才確實改善精舍的生活。」

## 工廠當道場，付出即行經

「粉間」成為一項執事，每位常住都需輪執，從完全不會學起，過程中不乏危險性。用爆米香的機器爆薏仁，聲響很大且有一股強勁後座力。而爆豆子通常會設定約八至十分鐘，若溫度超過定時而未開啟，壓力會導致機器自動爆開，伴隨一股反作用力，堪比為「意外」，相當危險。

有次溫度表故障，德和師父與德宜師父不知時間已到而沒開啟。結果機器承受不住高熱壓力自動爆開，頓時粉間瀰漫豆元粉塵，噴得兩位師父滿臉；德和師父閃避不及，被機器的後座力打到腳板。「幸好我們臉部沒事，只是我的腳被砸了個小傷。」

德和師父第一時間竟不知痛，也沒去就醫，「早期生活不好，沒有那麼在意要看醫生。大家幾乎是藥抹一抹，第二天繼續工作，精舍的工作一日不能停。」

故障的電表，由德慈師父親手拆換，換好繼續做。常住眾為了自力耕生，誠如上人所言，「十八般武藝都要學會。」面對具挑戰性的爆豆了，德和師父坦言也曾經害怕，然而工作還是要做，久了也能和平共處，「你了解它，它了解你，就能相安無事。每一個工作，以平常心面對，也就不怕了。」

德安師父於一九八〇年入住精舍，比德和師父晚五年，當時粉間仍是純手工作業，爆米香機器依舊為手動操作。一九九一年他請求上人慈允，固定到粉間做薏仁粉、薏豆粉持執。

他一面做，一面念佛，速度也愈做愈快，不僅念佛念得法喜充滿，產量也逐漸增加，歡喜非常。然而期間曾經歷機器故障，在分秒間抉擇以保護常住為首要考量，而以自身承受機器暴衝造成嚴重撞擊。

回首往事，德安師父語氣平淡，「所做只是本分事。很感恩大家的護持，當時每天趕工，把工廠當『道場』。心宅即『殿堂』，口說好話如『誦經』，日夜付出就是『行經』。」三年後，粉間添置半自動機器，薏豆粉生產線成為輪值執事，德安師父回歸輪執的行列。

一九九五年德偌師父入住，半自動機器已運轉近兩年。初到精舍的他，跟著洗、晒薏仁，因粉間師父對機器不熟，遇上拆解模具卡住時，他即被喚去拆裝、清理及調整。

德偌師父並非機器維修專業者，但緣於出家前曾在織布廠工作，初期學做紡紗，得空常主動到紡織機臺前學習，日久養成對機械高度的敏銳性。

在粉間，機器半自動化工序，是採用模具擠壓膨發替代傳統式爆米香機器。模具每天要拆、要清，卡住時他立即被喚去拆裝，「日子久了，可能熟能生巧吧！我也納悶怎麼對那機具稍略懂些？」

德偌師父成為近住女半年後，跟著班長師父輪執到粉間，有別於其他執事一輪十天，粉間一輪是半年；那次他特別連著兩梯。「一年之後回歸常住的輪執，但粉間如果模具卡住，還是一樣叫喚我去解決和維修。」

## 放下所知障，堅定修行路

德偌師父說明薏豆粉的製作。薏仁經洗晒後，第一關是「膨發」，即是早期常住做的「爆米香」。當時需人工抱著一包三十公斤的豆子，高舉著倒進機器上方的盛裝器（漏斗），膨發後以麻布袋盛裝，「裝好後一袋袋搬到隔壁，用手工研磨成粉。到我們這一代，這項製程改為半自動化生產。」

德偌師父強調「爆米香」是傳統型噴發式機器，像戰炮一樣非常大聲。「它靠高溫壓力，瓦斯開啟後，碼表壓力值到了十公斤，要把自動卡榫的一個栓拉開。那個栓像保險桿是安全開關，超過壓力未拉，會自動爆開。」

他坦言若身處在手動爆米香製作時期，可能就不會在靜思精舍出家，「因為太危險了！」但那僅止於當下自我防護的心念。

「起初還沒深入佛法，只先想到個人安危；像上人講的，越專業越是想得很多，但也自我障礙做不下去，這就是『所知障』。」

「我一來接觸到半自動化，相對較安全，更加佩服安師父，感動於前面幾位長老師兄，不怕危險，單純一念虔誠心，也會感動諸佛菩薩。」德偌師父不但沒退轉，還與粉間結下深厚的緣，更加堅定自己走的修行路！

薏豆粉除了薏仁，還有黃豆、黑豆，及一些中藥材所配方而成。如今長年固定在粉間開發改良自動化生產機具的德偌師父，講解穀粉的製程：

「糙米、薏仁是生的材料，要經過膨發擠壓出來，像『乖乖』一樣是半成品；黃豆、黑豆是用手工炒熟，也是半成品。」

「豆子要用柴火去炒，既安全又香氣十足。純手工柴火的香氣，哪怕再先進的科技都比不上。」

「而像百合、杏仁、蓮子、茯苓等中藥材，不適合用炒的，就用烘焙。所以『膨發、人工炒豆、烘焙』三管齊下，相輔相成，才能夠做出圓滿的產品。」

第二關，把以上三種半成品材料合在一起研磨成粉，再經攪拌，然後包裝結合起來，才算是豆元粉產品。

持續至一九九二年，豆元粉和薏仁粉的製作，一直是精舍自力耕生的主要收入來源。但隨著慈濟志業日益增上，委員和會員人數驟增，往來頻繁，相對精舍的開銷也愈大。

二〇〇二年穀粉間搬到新的空間，機器升級與製程調整，使自動化程度達到七成。德偌師父每天用過早齋，即來到穀粉間開啟機器，機器運作順暢了，一天的生產作業隨即展開。

如今的「豆元粉」，除了薏仁粉、薏豆粉，還研製出五穀粉、燕麥薏仁、豆漿粉、黑糙米純粉等多樣化口味，經由靜思書軒對外流通推廣。

粉間包裝機上的數字，隨著一包包充填完成持續攀升。每天約四千至六千包不同口味的穀粉，在常住師父與同仁的手中包裝入箱。

多年來負責包裝作業的德柔師父，每天在小小的空間裡，重複著相同的動作：消毒機器、準備包材、裝粉入袋及封合入箱。

德柔師父長年將心安住於此，以歡喜的笑容，雲淡風輕地說：「我把這個工作當成是閉關修行，每裝一包穀粉就在心裡念一聲佛號，同時虔誠祝福每一位食用者健康平安！」

（部分資料來源：靜思人文網頁；撰文／林聖玉）

# 制心一處 無事不辦

◎釋德晗

從進粉間執事至今，不說感恩真困難！所有的機械設備，如佛法所說「依空而有」，藉「假有」而修行。當初德晗、德偌、德㔭、德椒、德杰、德杭等六位常住，不因個人力薄，彼此合心、協力，奉獻時間、體力、毅力，始能有今日粉間的規模。

我們六位經常是踏著星光進粉間，踩著星月之光回寮房。這中間有汗水、血水、淚水，還有更多捧腹大笑的口水。

二〇〇三年四月中旬，自動化機械進廠定位後，上人前來關懷指示：「以後賑災食品，我們可以做一些，不足者可請他人代工。」深感上人疼愛弟子之心，同時也讓常住眾有參與布施的機會，廣結天下善緣。

四月下旬試做一批五穀粉，結果粉碎機的真空馬達壞掉，冷卻輸送機會掉鐵屑而停用，因而成品與原配方口味不同。初試啼聲卻慘遭滑鐵盧。

上人疼愛弟子又進粉間關懷。

一日，我和偖師父及姚仁祿、林俊傑等居士，還有耕師父及隨師人員，試飲第一批五穀粉成品，與原配方相較，大家都說常住做的入口較滑順。

五月天氣宜人，卻是粉間磨鍊的開始。複方的熟品，扛在每人身上，一階一階地往上爬。樓上平臺空間小且不通風，汗水溼透眾人的衣衫。混合機蓋其重無比，欲加複方時，一人須肩扛混合機蓋，一人須快速倒入熟品，往往又因下料口太小而堵塞。此時你拿大煎匙，我拿棍棒，他拿水瓢，一人顧下方拿粉袋，一同在槽上賣力倒吊演出「清粉記」，費時二、三十分鐘。

清粉記演完後，晚上須鋪粉，隔天才能裝粉；六位常住又合力把粉袋占滿整個空間。偖師父常與秀巸師姊偷偷夜宿粉間，便於夜間起來翻粉袋。一個月後大家都瘦身成功。

有如房子打地基，從不知如何運作、不懂機器操作，幸得他人助緣，一次次地改善機房設備。六月初，將冷卻輸送機的細鐵線網，改換為皮帶滑板，始能發揮功能；加設小貨梯，便利貨品上二樓；加寬二樓平臺，讓複方熟品有地方存放；更好的是加裝小金鋼馬達，方便起動混合機蓋，不須再借調人力；還有熱泵回收的風力，讓粉間不再有窒息的悶熱感。種種善緣匯聚，共同成就機房的第一次增設。

七月酷夏，粉間運作未停歇，大家輪流用午齋。德晗、德椒、德勩、德杰等四位師父，承擔膨發部與粉碎部，因工作無法分割，午間只能瞇著睏頓的雙眼，伴隨機器運轉揮動體力。

有次椒師父見勩師父坐在樓梯口打瞌睡，「勩師，我去拿兩根牙籤給你使用（撐眼）。」勩師父驚醒道：「牙籤？不用啊！我刷牙都有用牙籤。」一帖清涼劑讓眾人捧腹大笑！

上人常至粉間關懷，甚知場地太小，又與蠟燭間緊鄰，邀請姚仁祿和許俊偉居士規劃遷移蠟燭間。八月中旬，下料改用真空輸送，衛生又省人力。混合機的落粉口，也在偖師父的設計後變寬，使常住們無需再上演「倒吊清粉」。

上人言：「奉獻錢財是福德，奉獻時間是精進，奉獻毅力是智慧。」九月下旬推出新品「山藥薏仁粉（杏仁口味）」，其粉碎過程之難磨，亦是磨鍊心力、體力、毅力及耐力。

杏仁與糖混合粉碎時，會發熱而變成杏仁醬，三、五分鐘即須清理機臺。絞盡腦力，耗盡體力，僅磨好兩批成品，成本之高無法計算。十月初將裝潢，為了趕工只好咬緊牙根，繼續加班磨下去。

九月二十八日，裝潢人員將原有蠟燭間改成粉間的包裝區。上人指示，地板不改，玻璃不動，既環保不浪費資源，又省錢。

歲末靜思三粉結緣品，由常住眾通力合作，大包裝也湧上各聯絡處流通。粉間從晨曦至夜幕不停地運作，「爆、磨、裝」三關連線，人力不足，志工也前來支援。

從十月中旬至歲末祝福結束，大家是幸福又美滿！有位支援的志工師姊說：「真奇妙！在家拖地時感到好累，來這兒爆粉累癱在地，還覺得很高興！」這是付出無所求的緣故。

某日，一位企業家志工提議，可將廠房的生產線移到他的工廠，常住就不需如此地辛苦；然而此舉將失去僧團自力耕生的意義。上人年歲漸長，弟子無法分擔其肩上的重擔，只能守好本分，傳承靜思家風，不讓上人擔憂常住的生活來源。

精舍常住以合心協力，共同呈現「粉間」不分你我，制心一處，無事不辦的成果。依持上人廣開的方便法門，作世間的福智事行，廣結善緣；秉持上人的教導，安住願力，守志奉道。

上人期盼，靜思精舍是整個慈濟的根與後盾，並曾開示：「我們很可能都是佛陀講經『法華會上』的結緣眾，經過如此長遠時間，竟然還能會遇，殊勝因緣，更須珍惜。」誠願生生世世追隨上人，無限感恩！

# 處事三心多用心

**在粉間面臨機器的諸多挑戰，和面對人事的考驗，種種的壓力與磨鍊，都時刻不忘上人殷切地叮嚀：要專心、耐心、細心，多用心！**

**——德偌師父**

每天清晨，德偌師父用過早齋，便來到「穀粉間」開機；機器運作順暢了，一天的生產作業隨即展開。對於機器的維修、保養、調整及設計，德偌師父並非出自專業的訓練，而是秉承一分使命，自行摸索而成。

他謹記上人的教導：「有心就不難！」對於責任和使命，德偌師父念茲在茲，「我把機器當作是菩薩。」以愛惜守護的心與機器相處。每當機器出問題，他會先靜下心來，「聽」機器的聲音，為它把脈，找出問題所在。

「粉間搬遷後，上人曾送我兩句話：『要把人的安全，替我照顧好；不要讓常住太過勞累。』就是以人為本，安全性的規劃與設計，我一直銘記於心。」

在靜思精舍的每位修行者都是一部大藏經，人人守住本分，藉事練心，「我發願以和供養上人，這是我上報師恩的小小心意！」

**埋怨命運，剛強成性**

俗家在苗栗後龍鎮的德偌師父，出生十二天即出養，未曾知曉親生父母。她身為長女，從小體弱多病，養家清寒貧苦，為丙級貧戶，上小學全靠政府補助。

「學費我是半額，只繳書本費。」縱然只繳書本費，但母親仍帶著她卑微地向隔壁的伯母商借。「伯母對媽媽說，『你先生沒在賺錢，哪有可能還？』」當下她認為這是侮辱，拉著母親的手說：「我不想讀了。」伯母指著孩子對母親說：「她的脾氣就跟她的爸爸一樣。」德偌師父內心非常難受，心想：「一定要靠自己的雙手去賺學費，不然我就不讀。」其實她最想說的是，不要讓母親去向人借錢，很沒面子。

在困頓的環境積累下，他自小剛強成性；怨恨自己是被收養的，怨恨父親不去工作賺錢，酒醉回家便是要錢，對妻子拳打腳踢。而母親總是打不還手，罵不還口，進而引起她的憤怒，對父親惡言相向。

「媽媽愈是這樣，我愈生氣。心想媽媽自己都不爭氣，忍耐度真大，先生這樣子都能夠忍下來。」德偌師父坦言那時未學佛，不懂得善解心。母親隱忍外，還會對德偌師父隨緣教育，「阿母知道你的負擔很重，但是不能因為爸爸失去了你自己；你不能對他出手，因為那樣不孝，天公也不饒你。」

「我沒有尪不要緊，不能沒有孩子；你是我的希望。」母親的眼淚，喚醒了德偌師父的心靈，誓願不能讓母親失望，要扛起家庭重擔。

德偌師父的家族原先富有田產，自祖父一代便家道中落。德偌師父從小便與母親相依為命，為了生活與償還借款，母親務農，她跟著去割稻、渼草；母親去爆竹工廠打工，她也跟著去。如此忙碌，鮮少讀書，卻功課很好，常在前三名；但因家貧而僅止於小學畢業。

德偌師父小學畢業時，弟弟才剛上小學，而姊弟倆並無血緣關係，「我到這個家六年後，又收養了弟弟，再隔三年，媽媽才生下大妹，隔兩年又生小妹。」

當時母親要照顧三個小孩，外加失智的阿嬤，又要務農貼補家用。德偌師父深感肩上的責任重大，小學畢業就投入紡織廠工作，承擔起家計。她含辛茹苦、忍辱負重，除了照顧家庭，也把握學習、精進自己。最終，把弟妹拉拔長大，也各自獨立。「弟弟國中畢業後去學做麵包，大妹、小妹都高中職畢業，家裡房子也蓋好了。」

**放下積怨，懺悔清淨**

「任務完成了！」對家庭責任已了的德偌師父，也習得一手好功夫，繪製布料美工圖稿，論件計酬，月領高薪。

「我的命為什麼那麼苦，生長在這樣貧窮的家庭？婚姻中受苦的為何大多是女性，人生的意義為何？」長久的怨恨，烙印在她心底深處，促發內心的自卑與個性的剛強。

因父母婚姻的不美滿，又見同事婚後的不幸福，她堅決地不會走向婚姻這條路。從小被錢追著跑的她，沒想過要吃好住好，卻嚮往買一部吉普車，去登山，去投資相關休閒度假中心，與三五好友共度美好時光。

平日裡，她習於一邊畫圖，一邊聽廣播。一日，隨手轉到證嚴上人的開示，「樹欲靜而風不止，子欲養而親不待……突然間像被電到一樣。」頓時，她淚流不止，感動不已！「這位師父講經，講得那麼好。」自此鎖定這一臺廣播節目。

「這位師父真偉大，幫助窮苦人，又蓋醫院救人……」一次農曆年後，她邀了兩位好友，從臺北搭火車到花蓮，想去看看師父。

抵達靜思精舍後，由知客師父導覽介紹，見到簡樸的大殿，再走到菜園，內心生起莫名熟悉的感動，「常住師父們這麼節省，自己做蠟燭，凡事都靠自己……」她彷彿找到歸宿一樣。

三人在流通處請購證嚴上人宣講的幾部經書，並受邀共進午齋，在齋堂她見到了上人。上人用完齋，走過她們這一桌，德偌師父突然站起來，合掌向上人問好，「上人深深地看著我……」

那一眼，剎那間彷彿足以建構永恆！她恍然找到內心裡的一座港灣，「不論有多大的障礙，一定要跟隨上人出家修行。」

每天聽聞上人開示的她，不再和父親惡言相向。決心到精舍修行，她把工作辭掉，不料父親因病住院。父親出院後，在她前往精舍的前一週，雖生起想對父親懺悔的心，卻又躊躇於房門外。

「我的個性很剛強，不輕易地向命運低頭；一切都是他的錯，害我這麼辛苦。」然而，她想做上人的好弟子，「如何改過？我做得到嗎？」突然間，她觀想起上人的教法，請求上人的加持，讓她有勇氣去面對父親。她勇敢地走進父親的房間，跪了下來，向父親由衷懺悔，「爸爸掉下眼淚，哭了！」她安慰父親，「過去的就算了。」隨著自我懺悔，德偖師父就此放下了始終壓在心上的一塊大石。

「懺悔，就是清淨心的開始。」她很感恩父親的成就，於一九九五年九月，成為靜思精舍常住的一員。

## 精進用心，有心不難

身為近住女的德偌師父，起初跟著洗晒薏仁，又到粉間輪執一年；出粉間後，又去耕田，「我最喜歡犁田，跟著照師父學耕耘。」此時精舍的菜園，已有一部耕耘機。

自小在鄉村長大的他，喜歡務農，彷彿身處天地間，無所憂慮，「犁田時踏出的每一個腳步，就像在繞佛一樣，心非常的靜。」看到一片片綠油油的菜，「那無限寬廣的心境，加上自然無農藥的蔬菜，供養大眾的那分法喜。」漸漸地，精舍的菜園幾乎都是德偌師父在犁田。「我犁田，他們種菜。」德偌師父真實感受草木有情，「我甚至可以跟蔬菜對話，今天要採收二十條苦瓜，明天要採收什麼，很法喜！」法喜充滿的他，兩年後於一九九七年七月圓頂出家，法名悟偌，字德偌。

德偌師父圓頂出家後，粉間作業環境改善，衛生又安全。產品從最初的原味薏仁粉、薏豆粉，至二〇〇八年已研發有二十二味複方五穀粉，分無糖、有糖兩種。

「精舍的穀粉，產品種類多，一天要磨粉兩噸，機臺禁不起久磨的高溫和高壓，而承受不了。」因此粉間的生產，始終無法順利一貫作業。「曾有一批過了八小時，都沒辦法磨，我們六位常住都很苦惱。」剛強的他，不服輸地看著機器。

德偕師父面對時有狀況的機器，自認可以向人認不對，但不能對機器投降。他坐著與機器對看，「我很誠懇、很虔誠，跟它對話。」

「我知道怎麼改造機器的結構，但不會畫機械的圖，需要有人幫忙。」

「有心就不難！」上人的話言猶在耳，德偕師父夜晚時分到大殿禮佛，祈願能有解。

一日，他拉著五百公斤重的貨板，一位師兄見狀，趨前要幫忙。德偕師父抬頭一看，恍然大悟，「好像觀世音菩薩出現。」他是大愛劇場《回甘人生味》的主角柯國壽，從事車床行業。

德偕師父畫了一張簡易圖樣，請柯國壽依圖樣製作刀片，以利改造機器的結構。「他把刀片和一個軸輪做好，拿來安裝後，不可思議！」自始柯國壽定期往返精舍，與德偌師父一點一滴地把機器結構改好，及至可以大量生產。「以前五穀粉的製程，需要五十分鐘；現在只需二十分鐘。」

## 處事三心，長養慧命

「上人常說，『這是道場不是工廠，要把工廠當道場。我們要自力耕生，又都是女眾，要安全又不要太勞累。』我深深記住上人的應機施教，佛法要用在日常生活中。」

因此他更加精進學習。有志工認識廠商，請他們寄來維修機器的資料，他用心鑽研，把粉間的機器部分改裝，成為能撐起自動化生產的一個小小工廠。

「上人常在開示的結語，教弟子要多用心。然而聽來簡單，落實生活必須下功夫。」直到遇見這部機器，把它改造完成，德偌師父方才領悟，「有心就不難，要去克服。」

曾經，德偌師父悠遊於菜園耕耘，無論晴雨自製有機肥，觀察植物的物性，深感草木有情，能滋養眾生的身命；而後，在粉間面臨機器的諸多挑戰，面對人事的考驗，種種的壓力與磨鍊，如何化為增長慧命的資糧？而今，他每天準時到粉間開啟機器，使其順暢運作，無時無刻不忘上人對他的殷切叮嚀，「做事情一定要『專心』，再來要有『耐心』，然後要『細心』。」

「上人送我這三心，最後就是多用心。我非常感恩，把這『三樣心』帶在心肝底。」此後，德偌師父在日常處事中，都恪遵上人的教誨，要專心、耐心、細心，多用心！

# 香積飯

及時沖泡的米飯，能發揮急難救助的功效，也成為賑災人員最佳的熱食來源。飯香、法香、道香、德香，從救災到克己，身心簡單，無為無欲，清淨輕安。

二〇〇九年八月七日，中度颱風莫拉克從臺灣北部緩步而過；八月八日所挾帶的強大風雨，將一年累積的雨量傾洩在中南部地區，造成嚴重災害。無數家園、土地與生命遭土石流掩埋，也讓一切不再是昔日熟悉的模樣。

斷水斷電，民生通路受阻。為因應受災民眾熱食所需，靜思精舍常住眾自八月八日下午起緊急趕製「香積飯」，陸續以四十呎貨櫃，連夜運往中南部受災區。至八月二十日，共計三十四噸香積飯（以乾燥飯重量計），及五萬七千多盒沖泡式的「福慧湯品」，及時解決受災民眾的飲食問題。

災難時刻香積飯發揮功效，研發者德晗師父曾經南北奔波宣導，請人試吃樣品；而今卻因災難讓大家吃到，感觸極深，「寧願是在太平時刻，讓大家享用香積飯的可口與方便。」

## 克勤克難，研發有成

香積飯的研發，是為了國際賑災和急難救助使用。有次，慈濟冬令發放，一位阿嬤領回白米後，卻無力燒柴煮飯，眼看著白米無計可施。證嚴上人得知後，一念悲心生起，心想若白米可沖泡，阿嬤即有一碗飯或粥可以食用。

上人向一些參與慈濟的實業家說，「我希望這一代、下一代，下下一代，代代都是自力耕生；香積飯要在花蓮做，希望能看到它實現。」上人的願望，引發弟子德晗著手研發，「機緣下我聽到上人這個遠見，想到世界的糧荒及水資源缺乏，而想要做沖泡飯，更進一步想要做國際賑災，所以我把握因緣主動地投入開創。」

二〇〇三年他隨實業家到日本技術觀摩。日本製造商擁有龐大資源，研發室設備先進，很早就開始生產「即食飯」。

靜思僧團力行「克己、克勤、克儉、克難」的生活，德晗師父初期在水槽邊煮飯，常煮到燒焦，研究失敗的米飯全由常住惜福。後來買了部乾燥機，做出的米粒卻不能復水，很不解地請教廠商，答案卻是「機器本如此」！因為全臺沒人做乾燥飯，連廠商也不知問題所在？德晗師父與研發團隊成員的德偌師父，日夜思考，不畏失敗，不斷嘗試。

精舍環境不大，做什麼事都十足克難，人卻能克勤！每天早課後德晗師父趕去量米浸泡與煮飯，一天三次，無人力支援，也沒有任何資訊與請教的對象，全靠自己摸索。歷經一個月用掉了一噸米，米粒仍泡不軟。難解之題，令德晗師父到超市時，見什麼即買來實驗，「連噴水槍也試，一直思考為何沒法復水？米粒是否需要再加工？」

「有願就有力，有心就有福」，德晗師父自認能力不足而謹記「勤能補拙」，沖泡飯在他不氣餒的勤奮下終於研發成功。證嚴上人取名「香積飯」。

## 節能方便，純淨美味

德晗師父將研發而成的香積飯，提供予「慈濟國際人道援助會」實業家們看時，皆認為不輸日本等級的產品，並期望到精舍參觀研發室。此舉令德晗師父莞爾，「我一直在製粉間工作；煮飯最重要是水，所以粉間裡的小小水槽，成為我第一個階段的『研發室』。」

日後粉間更動，「研發室」挪到桂花樹下蓋個鐵皮繼續煮飯。第三個地方，他找到兩個樓梯板間，前面隔著木板架起飯鍋，繼續不斷地煮飯與研究……最終研發成功並對外推廣。

精舍常住為設置大型機器，經由德恆、德愉、德悅、德晗、德偌等五位師父，日夜集思廣益，設計圖改了又改，終於底定設置於倉儲廠房內，開始大量生產，並於二〇〇八年底上架流通。

香積飯出品後，卻發現很多人不會食用，於是德晗師父與研發團隊走入各地宣導與示範。「大提箱裡，裝的全是香積飯。」一地接著一地，在德晗師父等團隊親自解說與巧思下，了解食用方式，也開始運用於大型活動場合的餐點上。

二〇〇九年四月，清水靜思堂一千八百人的活動，首次使用香積飯做餐點。如此規模，以往需動用六十位香積志工，如今只需六位；然活動前一日，窗口志工緊張到睡不著。

德晗師父特地前往協助，任務順利達成，志工鬆了一口氣說：「好簡單啊！只要煮一鍋水，沖泡後攪一攪，燜幾分鐘，一鍋飯就好了。」德晗師父表示，香積飯不但沖泡方便，因少油無負擔，事後流理臺等清理工作也備感輕鬆。

有志工巧思變化，將香積飯加上素鬆、香菇做成了飯糰，價格比市售還便宜。「我也實驗過，水分若拿捏得好，香積飯做出的冷飯糰香Q可口。」德晗師父舉例香積飯若沒吃完，換個樣貌亦是清爽可口的茶點，「一位師姊捏成了數種小壽司，結果孩子們全部吃光光！」

「現代年輕人不會或不常煮飯，上館子花費多，開車又增加碳足跡。」德晗師父希望若一般家庭使用，可簡約節能，多出時間可享受天倫之樂。

## 急難救災，儉樸克己

香積飯研發的初衷，是為國際賑災及提供賑災人員所需。「二〇〇八年志工到緬甸勘災發放，發現許多國家為了保護本國人民糧食充足，紛紛限制大米出口，而影響到賑災工作。香積飯不屬於農產品而是食品，緊急賑濟時可成為方便及時的賑災物資。」

「勘災人員的安全，也是上人最擔心的。」德晗師父說明前進災區時，當地的衛生和溫飽是首要之務，能及時沖泡的米飯，即成為賑災人員最佳的安全熱食來源。

八八水災那天，精舍常住總動員，超過兩百人投入包裝香積飯送往災區，發揮急難救助的功效。忙於救災的志工，先將香積飯用環保碗沖泡，待送至災民手中正好燜軟即時可食。而家當損失、忙於清掃，無力張羅三餐的受災民眾，拿到溫熱的香積飯盒，也露出欣慰的笑容。

八月八日晚上約九點四十五分，第一部救援物資的貨櫃從精舍出發，德晗師父內心的感動是難以言喻。他雙手合十虔誠祈禱，願能平安及時地到達受災區，溫飽受災的鄉親。「當下的我非常感恩上人，從二〇〇六年開始一再提起這個想法，督促我們努力研發。」

八八水災賑災期間，一日傍晚五點半，得知需要五百箱香積飯，七點要準時裝車出發，精舍常住再度總動員。正要將貨品從三樓搬至一樓，電梯突然故障，二十分鐘內無法排除，眾人用接力方式，一箱一箱地往一樓搬運。

當時也匯集了全臺靜思書軒架上流通的香積飯，緊急調往受災所需之處。德晗師父深感：「地球水資源日漸匱乏，有學者專家警示，『不要讓最後一滴水，變成人類的眼淚。』沒有水，無法種植農作物；沒有水，人類將無法存活。」

二〇一〇年巴基斯坦洪災、海地大地震；二〇一一年日本東北大地震；二〇一三年菲律賓海燕風災；二〇一五年尼泊爾大地震；二〇一六年塞爾維亞難民營；二〇二〇年美國COVID-19疫情期間，香積飯均發揮了功能，成為災難中的一股溫暖。

上人曾言：「災難中最直接需要的就是飲食與水。」香積飯用熱水泡二十分鐘，冷水泡五十分鐘，即可食用，符合上人的期許，並於二〇一七年取得ISO國際認證。

天災人禍起於人心。德晗師父有感而發：「大家都不忍見到災難；拯救地球也是拯救人類。祈願人人生活儉樸，護生惜福愛物，收起奢侈浪費的心，力行從餐桌上開始。」

「若每天一餐用香積飯，則身心簡單，無為無欲，清淨輕安。願大家從中可品味到『飯香、法香、道香』，進而力行而散發『德香』！」正是上人弘揚佛陀教育的本懷；人人克己復禮，人心淨化，天下無災。

# 深心願行無止境

**研發沖泡飯的願未成，飯就得繼續煮，繼續烘，繼續泡，繼續吃……「自助才能人助。」心願已發，再苦也得熬著。——德晗師父**

暗夜星光，晨曦未至，靜思精舍大殿早課的梵唄聲，劃過了寂靜的天際，也流轉至一隅桂花樹下的鐵皮屋。一束火光，在星空下生起，照亮德晗師父的臉，也照見他心中的願。

願何時能了，德晗師父也說不清；但他明瞭，只要每天生火，就會有希望，將願心淬鍊成真，投向苦難眾生，溫飽解飢。

一次慈濟大陸冬令發放的因緣，證嚴上人一念悲心起，希望可以研發出即食沖泡的米飯，讓鄉親們領取物資後，簡單的沖泡即能吃到熱熱的米飯，溫暖身心。

上人對沖泡飯的期待，德晗師父銘記於心，開始日日生火煮飯，將多少個晨昏，都付於裊裊炊煙中。

火上燒著的，是承載大眾飯食的大鍋；鍋裡裝著的，是顆顆的米粒，等待將水吸附，轉化成飯。然而德晗師父的願，不止於煮飯那般簡單，後續的挑戰才是製作即食沖泡乾燥飯的關鍵。

將熟成的飯，放進烘焙機中，待含藏在米飯中的水份隨著高溫蒸發，轉成乾燥飯後再加水沖泡，卻始終如石頭般的堅硬，「泡不軟的乾燥飯……」日思夜想，苦無答案；德晗師父只得日日煮飯，摸索鑽研。願那星光般的火苗，能延燒成慈悲的火炬，照亮暗角裡的芸芸眾生。

**隨波人生，找尋方向**

德晗師父小時候，父親本來經營磚窯廠，但隨著一九七〇年代純磚造建築的式微，以鋼筋混凝土構造取而代之，磚的需求量逐漸減少，而結束了磚窯事業。

父親繼而從事針織生產的生意，但僅維持一年的光景。小學三年級的德晗師父，再次舉家搬遷，最後落腳於臺南六甲鄉的一片田中央。

沒有鄰居的周遭，盡是稻田與番薯田。原本做生意的父母，轉而務農種稻和種番薯，也會壓些番薯栽（秧苗）賣給人家。種田很辛苦，吃番薯葉成了家常便飯，「我們幾乎每天吃番薯葉，不是煮粥，就是煮湯。」

德晗師父有兩個哥哥、三個姊姊，他們除了要幫忙種田，也得外出工作。她年紀雖小，不識愁苦滋味，卻沒有忘記莊稼人的心裡，能有農地過活已是滿足，「人家說只要有土地能種東西，就能把人養大。」

父親生意失敗，德晗師父國中畢業沒再升學，便投入就業到百貨公司賣衣服。離家學習獨立生活，樣樣都自己來，也造就她克服困難，適應環境的堅毅心性。

人間繁華，煙塵漫漫，浮生若夢，為歡幾何？二十四歲的她開始思考：「人活著到底是為什麼？難道就是隨波逐流，考試求學、工作賺錢、結婚育兒、退休養老，然後老、死。」

「人生就只有這樣嗎？」在她忙碌的日子裡反覆翻攪，眼見家人和周遭朋友的人生歷程，心中疑惑難除。面對這番問題，沒有人可以給她答案。一位去過法鼓山的朋友，帶著她去尋找答案；有近一年的時間，她幾乎閱遍聖嚴法師的著作。書中一句「唯有出家，才有辦法悟道」，吸引了她並告訴自己：「一定要出家。」

「人生到了三十歲沒結婚，沒有世俗的緣，沒有家庭負擔，就可以走這條路。所以我一定要出家。」自此，她心中根植出離的信念。

雖然過去幾乎每日聆聽慈濟廣播，成了慈濟會員，但不識佛法；直到在聖嚴法師的著作裡，認識了佛法。

決意出家的她，因著慈濟會員的因緣，商請前來收善款的慈濟委員為她引見，在證嚴上人行腳臺北時，表明出家的心願。隨師在側的德恩師父，見她有心而建議：「先回來精舍當志工，看能否適應？」

### 承擔考驗，做中學與覺

她一九九三年入住靜思精舍，從喧囂走向沉靜，見常住師父在田裡耕種，歡喜至極，「有田地可以種菜，是我最大的嚮往。」喜歡種田或許是兒時鮮明的記憶；或許是離鄉背井，歷經滾滾紅塵，想反樸歸真的意向，「需要的不多，就想回歸寧靜的生活。」

直到一九九四年，他都在菜園裡工作。隨著執事輪替，轉到了「影視組」，對錄影完全陌生的他，是全新的挑戰。有營隊活動在精舍舉辦，他要負責音控，還要學會架設攝影機，拍攝與剪輯新聞、審閱影片、整理錄影帶，並隨時待命。

大愛電視臺開播前，慈濟節目在力霸友聯U2頻道託播，臺北與花蓮之間的連線常出狀況，「中午十二點到一點播出前，經常斷線，讓人細胞死了很多。」

一九九四到一九九七年，在影視組時期是他磨鍊與成長最多的時光，「要感恩國中畢業後那段歲月的歷練，成就我毅力與耐心的資糧。」

那段期間他通過常住生活的考驗，於一九九五年十一月圓頂出家，法名悟晗，字德晗；一九九七年底完成受戒。

精舍腹地不大，常住眾人數日漸增長下，總在拼接中建造一個又一個的克難空間。一九九八年精舍擴建工程，隨著慈誠志工的進駐，常住師父加入建築陣容，未做過粗工的德晗師父也當起小工。

每天六點眾人用早齋時，德晗師父得備茶水、整理工地，又準備工具，待用齋時已是八點鐘。備茶水和工具，得自己來；和水泥與綁鋼筋，人人都一樣。面對密集的勞力付出，德晗師父積極承擔，「水泥要自己和，再一桶一桶搬上三樓；我把它視為色身上的考驗，護腰都穿兩件。」舊樓要接新樓，整個樓梯得拆除，再連結新的。樓梯拆除後，要到樓頂工作，只得經過鷹架爬上樓。那棟新樓，就在眾人勇往直前、驚心動魄的衝勁下，於三十三天完工。為作紀念，取名「三十三天」。

「三十三天」工程結束，繼之「慈誠樓」工程，德晗師父一樣如此拚命。就連大貨車送材料來，瘦瘦的他開著堆高機接貨又卸貨。

「是自己的家，就要做自己的主人」、「一定要堅強獨立」是德晗師父為「家」付出的信念。只要能減少他人的體力，或自己能夠做的，就盡量去做，是他終日付出的動力。「慈誠師兄們義務來幫我們蓋房子，我們就要照顧、做好。」

靜思精舍常住眾總在做中學，學中覺，「跟隨上人，體會到做就對了！人沒有所有權，只有使用權，是我這輩子收穫最大的一句話。」

德晗師父自認沒學歷、沒能力，但有體力、毅力、心力，及一分誠懇心。這分誠懇謙卑的態度，在慈誠樓蓋好後，他轉去總務負責制服管理，與廠商之間建立了良善的互動。

**深入法髓，用心妙用**

工地小工的經驗，讓德晗師父能畫出簡單的空間概念圖，以應施工需求，「公眾廁所那區塊是我畫的。」

靜思僧眾秉持上人不受供養，以「一日不作，一日不食」的理念，製作蠟燭、五穀粉等維持生活。空間有限，要將粉間和蠟燭間規劃於同一空間，既要燒柴，又有瓦斯等設備，安全必須兼顧。

建築志工的規劃方案，上人沒有同意；德晗師父提出的簡略圖樣，卻被接受了，「沒有牆壁，只有柱子的廠房，通風又省錢，常住們工作起來也安心。」

接觸建築工程及到粉間工作，每天早齋完即上工的德晗師父，少有時間接觸志工早會上人開示。所以早課的「晨語」與《衲履足跡》、《慈濟》月刊等，成為他汲取法水的最佳寶典。

「我會記錄摘要，從中吸收上人的精神理念。」理念就是法不用多，端看如何運用，「深入法髓，才能有源源不斷的法味、法義。」是德晗師父悟道的方法。「即使一直跟在上人身旁，法沒有入心和應用；就像上人講的，將水潑在石頭上，太陽一晒就乾了。」

卸下制服管理的執事，德晗師父輪到不擅烹調的典座執事，加上搭配未進過大寮的近住女，要供應眾人三餐加點心，是一大考驗。他請來在精舍安單常住的和姊姊（德和師父的俗家姊姊）相助。

元宵時節，一道滷大白菜。德晗師父的認知是把菜全放進大鍋，調味後加水燜煮，卻引來和姊姊一陣大叫：「哪有滷白菜，還放那麼多水？」

德晗師父根本不知大白菜煮了後會出水，邊煮邊煩惱，「滷得不好，大家若不愛吃，剩下很多怎麼辦？」這次的經驗，讓他每煮完一餐就先躲起來，深怕面對眾人的「關懷」與「指導」。

逃避非長久之計，為使自己成長，德晗師父每回輪執典座，更加用心學習與改善，進而創新出不少菜色，「像米腸用烤的，再加一點醬汁和黑胡椒，又是另一番口味。」在大寮做出興趣的他精進創新，加上師兄德恩師父的指導，每道創意菜色與擺盤，總是色香味俱全。

## 自助人助，有志竟成

過往煮飯的經驗，在德晗師父的腦海裡縈繞，但眼前再怎麼煮出的乾燥飯，都無法復水；無法復水，就無法沖泡。

日本有即食沖泡飯的技術，臺灣史無前例，德晗師父沒有資訊來源，更無人能問。冬天之前，粉間會停工休息一、兩個月，他把握機緣借用烘焙機，全心測試。

「直接把飯拿去乾燥，就沒辦法復水、泡軟。」如何在煮飯時把水量加足，將飯乾燥後，經沖泡復原成飯，成了難解的考題。儘管一再地失敗，德晗師父仍每天早課後，趕緊備米煮飯，「每天都煮三鍋飯，一鍋六公斤，不斷地測試。」整整一個月，用掉了一噸的米，飯依然泡不軟。

「要讓飯乾燥後又能復水，水分要加多少；品質較不好的米，煮起來要能好吃」，是他終日不斷嘗試與研發的歷程。而每回又必須試吃，「我從四十五公斤，胖到五十公斤。」難得有次，成品有個樣子，他仍不敢大意，自我警惕，保持純真正念，「無為無欲，顛倒亂想，不復得入……」願未成，飯就得繼續煮，繼續烘，繼續泡，繼續吃……沒有盡頭的反覆循環，德晗師父心裡鬱結、苦惱，外出買材料，看到梳子也買，看到噴水槍也買，終日想著：「是不是米粒還要再做一次加工？」

「自助才能人助。」心願已發，再苦也得熬著。這日，德晗師父又煮好了飯，加水沖泡後，電話響起，一講就是半個小時。掛上電話後，才驚覺飯還泡在水裡，吸飽水分的飯粒，膨脹得驚人。一鍋六公斤的飯，一人無法吃完，得送去烘乾。他來到粉間已是下午五點，直到晚上九點半打板，那鍋飯還沒烘乾，只好回寮房就寢。

隔天一大早飯沒發酸，開啟機器繼續烘。烘好試泡，約十分鐘飯即能復水，「這次竟然成功了！」他趕緊呈給上人試吃，「不錯啊！」上人的一句，令德晗師父苦惱不已的心，終於安住下來。

然而，上人接續的一句話，再度讓他陷入苦惱：「要像國外的有加調味料很困難，我沒有辦法。」一旁的志工林俊傑助陣，「調味包外面很多，可買回來試做。」

## 深信切願，精進力行

一個出乎意料之外，將德晗師父推向歡喜地；一個不在預期之中，又將他推向苦惱之境，「好不容易研究出沖泡飯，又要研發調味，該如何著手？」

見德晗師父再次苦惱，志工林俊傑說：「小時候媽媽會把一些配料加入飯裡，做成米糕給我們吃。或許可試試？」

「把料包加到飯裡，煮好再乾燥，沖泡看看。」買來各種調理料包，兩人依著程序泡好了味噌飯，「口感真好！再嘗試咖哩口味如何？」

為了研製出調味沖泡飯，兩人一試再試。一日，做好兩碗口感較佳的調味飯，趕緊呈給上人試吃，「不錯！也可以讓賑災人員食用。」上人肯定地回應，將德晗師父長久的辛苦與孤寂，揮至九重天外。

加了口味的調味沖泡飯，獲致肯定後，便依循繼續研發。研製過程中，上人適時提醒，「飯再Q一點，要粒粒分明，不要太軟。」德晗師父一再地調整製程，也嘗試各式米種。

一次，他用臺梗九號米煮成的飯，請上人試吃。一手端著泡好的飯，一手拿著乾燥後的飯，上人好奇地問：「這一包是米嗎？」「師父，這包是飯哪！」看似粒粒分明的米，沖泡後就是飯；那一次，上人終於允諾：「可以！」

二〇〇六年終於研發成功的沖泡飯，上人取名「香積飯」。為保持新鮮度及一定的倉儲量，平時於靜思書軒流通，遇緊急災難時，可隨時下架提供賑災使用。

回首那段從無到有、夜以繼日研發的日子，有時遇到瓶頸，德晗師父會放下工作，騎著腳踏車到菜園走走，「有次柔師父來看我，我一時無助，難過地哭了。」而今廠房裡的機器，已量產著為眾生而研製的香積飯。德晗師父低著頭疾行的身影，依然穿梭於廠房裡。願還未了，那分「出家悟道」、「造福人群才能成長智慧」的信願，始終深植於心，腳步永不停歇。

# 淨斯本草飲

**藉事練心如做本草飲茶包，必須經過清洗、脫水、乾燥、磨粉；在歷事中磨鍊，磨掉習氣稜角，磨到圓融，並不斷地鍛鍊、再淬鍊。**

新冠肺炎（COVID-19）疫情期間，於精舍協力廠二樓，常住眾戴著防疫口罩，在緩衝區穿上隔離服、帶髮者加上頭巾，打開隔離簾的門，進入包裝區。雙手消毒後戴上全新手套，再消毒一次抹去手套上的粉塵；走至包裝線上，有空位隨即補位。

包裝作業首關是，摺外包裝盒，從平面一個個摺成立體。第二關，取出散裝在大袋裡的淨斯本草飲茶包，每包十四克，將封口邊摺入並一包包攤平，每三包依不同摺邊方向堆疊，使其平整；再以兩疊十二包，置入壓克力盒中，交由另一區人員取出後，裝入外包裝盒。而一盒十二包、一百六十八克的淨斯本草飲，於是完成。

「淨斯本草飲」係中藥草磨成粉，作業區粉塵大，口罩需戴兩層；但細微的粉塵仍能穿透，使口鼻些許不適。新冠疫情大流行，全臺乃至全球大缺貨，防疫期間志工難以前來協助，常住眾在執事之餘，毅然扛起生產與包裝責任。連續三週二十四小時兩班制，只為盡速將淨斯本草飲送到急需的地方。

## 疫病襲全球，研發本草飲

生產穀粉、香積飯而起的協力廠，向來是生產傳統食品。一次，有人向德晗師父提議，「我們來做菌草、北蟲草，可以提升人體免疫力，讓窮人也吃得起健康。」

「讓窮人也吃得起健康。」打動了德晗師父，「健康人人都需要，並非有錢人的專利。」二〇一七年他於是投入了菌草的培養與種植，協力廠因此跨界到生機食品產業，期許「成為一個科技農夫。」

二〇一九年歲末，新冠肺炎疫情開始蔓延，至二〇二〇年底全球確診已達一億七千多萬人。花蓮慈濟醫學中心院長帶領的團隊，期望借重中醫藥的專業，由中西醫醫療團隊攜手合作，研發能讓大眾日常保健的複方中藥茶飲。

在與上人分享研發進程，上人提及民間古早用艾草、茉草能趨邪避瘟，而新冠病毒亦屬瘟疫，請團隊研究這些藥草，是否有益於健康免疫的成分？

《本草綱目》記載，艾草入藥「服之則走三陰，而逐一切寒溼，轉肅殺之氣為融和。炙之則透諸經，而治百種病邪。」茉草在客家習俗中稱「抹草」，民間廣泛作為避邪植物。

團隊嘗試將艾草和茉草加入配方進行實驗，「研究顯示，阻斷病毒穿透細胞的現象更突出，出乎意料之外！」花蓮慈濟醫院副院長暨中醫部主任何宗融說。

鑑於本草飲具有阻斷新冠病毒的潛在力。二〇二〇年十二月初，證嚴上人結束北部的歲末祝福，回到精舍兩天後接受眼睛手術治療，還戴著眼罩休養時，忍著不適，召集協力廠的德晗、德偌與靜思團隊等弟子，詢問可否自行生產「本草飲」？

上人說：「我所有的弟子，我有責任保護他們的健康。」上人所護念的是包括全球各地在家二眾弟子。疫情緊張，維護弟子們的健康至關重要。

德晗師父頗為震撼，「所有慈濟家人，都是上人心中很重要的寶。」承擔穀粉、香積飯的產製，在食品生產線上磨鍊多年，他立即查詢食品法規，「有八種藥草可以藥食同源，若要協力廠進行生產，應該沒有困難。」因此頗有自信地請上人放心，「沒問題！、心想只要答應下來，做就對了！」

## 勇於挑重擔，藉事勤練心

「淨斯本草飲」使用八種藥草：麥冬、魚腥草、桔梗、魚針草（茉草）、甘草、艾草、紫蘇葉、菊花等本土藥草。啟動生產後，德晗師父才明白，藥草各有屬性，「如桔梗、麥冬，研磨後非常黏不易分開。更麻煩是艾草屬於熱性，研磨後像綿綿球般，不易下到筒子裡，卡在刀片裡空轉，不知該怎麼辦？」

研磨的桶箍屬密閉型，看不到裡面情況。艾草在桶箍的刀片裡空轉，後果是悶燒。眾人見煙霧往上冒，趕緊拿滅火器，噴得人人滿頭滿臉。「心都揪了起來，那一個月緊張到胃痛。」德晗師父內心糾結到難以言喻。

德偌師父多年來研發改良穀粉的研磨機器，認為「磨粉」是淨斯穀粉的根本，應該不成問題；豈料中藥草物性不同，再次面對挑戰，協同工務組研究、設計，「在內安裝一個特殊葉片，再抽真空。最重要是軸芯要加上冷卻。」刀片選用合金鋼材製成；利用回收水循環，作為傳動軸芯過熱時的水冷系統，解決了研磨的問題。

二〇二〇年十二月，協力廠開始生產「淨斯本草飲」，德哈師父說：「第一次做就要及時產出，必須規劃出一處廠房，所有的機器都要到位。」之前粉間搬遷，留有一小空間未做規劃，德偌師父得空就整理，恰逢本草飲空間需求。一切都來得剛剛好！

生產初期，最大的挑戰是機器未完備，很多作業需依賴人工，在緊急時刻，幸好常住人力及志工們是最大的後盾。「在短期內趕製大量，最擔心的是包裝。我們請求北區的慈濟菩薩來幫忙，大家也合心協力動員。」歷時三週，出家在家二眾日夜加班趕工，首批由精舍趕製的「淨斯本草飲」，隨著其他防疫或援助物資送到了需要者手上。

二〇二一年三月，精舍開始種植艾草和茅草，承擔出坡窗口的德格師父表示，「第一次種植艾草，期間同時在採收薑黃，等薑黃採收完，野草竟然長得比艾草還高。」請教淨皂軒、藥草園的德寋師父後，先拔草再施肥；有了水、肥料和陽光，艾草也就生長繁盛。

二〇二一年五月將進行量產。從機器、人力到原料，都面臨很大的困難。植物從播種開始，有其生長時程，無法揠苗助長。德晗師父表示，臺灣是座富足的寶島，各種草本皆有庫存，唯魚針草少有人用，廠商少有囤貨。

「從北到南，要找到足夠庫存量的魚針草很不容易。」因緣不可思議！「一位合作廠商，一整年也只銷售兩、三袋，一袋五十公斤。我們找到他時，竟幸運地有一整個貨櫃的庫存。」剛好符合至一月底農曆新年前，需要生產的安全庫存量。這讓德晗師父深信，上人為眾生的事，會有龍天護法來幫忙，身為弟子「做，就對了！」

「生產淨斯本草飲，是我使命必達的工作！身處當下的大時代，這個超級任務，是我們應承擔的責任，必須義無反顧地肩挑起來。」

修行藉事練心，「如做本草飲茶包，必須經過清洗、脫水、乾燥、磨粉；在歷事中磨鍊，磨掉習氣稜角，磨到圓融，並不斷地鍛鍊再淬鍊。」德晗師父說。

## 集眾力愛心，共濟弭災疫

二〇二一年五月中旬，全臺進入疫情三級警戒，淨斯本草飲的需求量大增，協力廠二十四小時生產，常住眾投入支援；同時還要趕製安心生活箱各項物資，捐贈給居家檢疫和弱勢家庭。

在防疫考量下，農耕志工停止入精舍，艾草與茉草田出坡人力緊缺；疫情熱區在北部，於是由高雄和臺南的少數志工承擔。為了減少頻繁移動的風險，每梯次均待一個月以上。

「精舍不能失守，必須格外謹慎。來精舍前，大家都在家先隔離一星期以上；抵達精舍山門外，首先全身消毒，快篩陰性才進入，再隔離三至七天不等。疫情嚴重時能來一趟很不容易！」返家後再度前來的工周美玉，道出護持的一片真誠心。

二〇二〇年十二月至二〇二二年底，靜思精舍產製的淨斯本草飲，隨著其他防疫或援助物資，陸續送達全球超過四十個國家地區。

證嚴上人由衷的悲心，「天地人為一體，有病一定有藥醫，只是還未被人們發現。發現了還要深入探討。研究中草藥，是為了發現對天地間有益的要素。」

德晗師父說，「如果真的能夠保護到每個人的健康，這過程中的歷史足跡，有你有我，也是我這一顆小螺絲釘最大的生命價值。」

德晗師父這輩子最感恩的是上人，願意收他為弟子，「我沒學歷沒能力，只有體力。因緣來時，就用體力即時付出。上人言，『人沒有所有權，只有使用權。』我的生命，一定要付出到淋漓盡致！」

淨斯本草飲之前是「菌草系列」，之後是「本草系列」，如「本草活芯智濃縮液」、「本草明適沖調飲」、「本草醣衡沖調飲」等，成分為食藥兩用的中藥草，經認證核准以食品級對外流通，造福普羅大眾。

從基礎科學到臨床實證，花蓮慈濟醫學中心副院長何宗融表示，慈濟醫院長期致力於「中西醫合療」，積極創新研發治療策略及調養，期望透過本草系列研究輔助臨床，照護病友身心，幫助民眾調理生理機能、滋補強身。「對食品或保健食品，有需要的民眾與慢性病友，建議可與中醫師討論使用方式。」

德晗師父言及，淨斯產品的製作，需要眾人的愛及力量，更需要大家的一念心，「靜思人文的責任與使命，就如小螞蟻搬大餅，團結力量大！」

（部分資料來源：慈濟大藏經、《慈濟》月刊第六六三期、大愛臺新聞）

# 淨皂

同樣在做營生的事，用佛法的態度與信念，以利他之心，行入世之事，所做的就是佛事。協力廠是道場中的工廠，不以營利為目的，是為接引眾生。

這天，德寋師父蹲在皂化機旁，兩手輕放於鋁桶口上，頭轉向了一旁，將眼光投入深邃而無止境的空間，落入沉思之中。

未曾出現過的狀況，教德寋師父著實不明白，到底是哪裡出了錯？自啟動手工肥皂的研發製造，還不曾失敗過。眼前這些像加了點灰色的奶油泡泡團兒，倒是十足不給面子。

不斷地回想，起身將流程走過一遭，來到存放粉劑的隔間裡，摸索了半晌，答案竟在不起眼的角落裡；應該加的「鹼（氫氧化鈉）」，怎就變成了另一項粉劑呢？加錯了東西，事實就攤在眼前。

## 回歸樸實，清淨環保

一切萬物皆是因緣和合而生，如是因，如是緣，如是果。「做皂一定要加鹼，沒有這個化學反應，就只是油脂。」德寋師父表示，「油脂」加「鹼」產生皂化反應，而生成肥皂。

做皂的原理，是他在就讀嘉義農專（現為嘉義大學）食品加工科所奠定的基礎。憑著「皂」與「食品」有一點兒相通，緣於隨師時聽到上人提及自己皮膚有些過敏，感嘆現今的清潔用品添加太多化學物質，不如農業社會人們使用的米糠或無患子。

上人輕輕的一段話，讓德寋師父動手做起了手工肥皂。首次做肥皂，他拿起米糠，觀想著上人說過的偏方，「小時候都用南瓜加米糠，和一和就可以了。」經多次實驗，終於做出了第一塊手工米糠皂，並呈獻給上人。

上人試用約一年多，讚歎如此純淨的肥皂，解決了皮膚紅癢的問題，也希望這樣好的肥皂，人人都能使用。上人的肯定，令德寋師父受到鼓舞，而走上了手工肥皂研製的歷程。

開始製作後，德寋師父不再純以米糠做皂，就地取材精舍香草園裡的植物作為原料，以減少運輸的碳排放；生產過程不耗費電力，全部採取人工作業，體現農禪生活；不添加任何化學香料，讓肥皂回歸樸實，又不失潔淨功效，也避免可能引起的過敏現象。

當今環境汙染的惡性循環，即是人類消費行為所帶來的後果。德寋師父說：「添加化學香料，既沒有實質效益，且影響人與環境的負擔。我們堅持不用香料，製造和使用後的廢水流入下水道，二十四小時就能被微生物分解。」所以精舍製造出來的手工皂，不叫香皂，而是「淨皂」。

天然植物油製成的淨皂，比加了香料的香皂，成本要來得高。但他似乎不擔心而開玩笑地說：「我們的人工不用錢！」

這些淨皂的配方，有肉桂、茶樹、黑糖、月草葉、烏龍茶等二十多種天然素材，都是常住師父在香草園裡栽種的，加上採買來的天然植物油，將上人倡導的環保理念，體現在日常生活。德寋師父說：「慈濟宣導的環保，不只是垃圾資源分類，也應用在生活中。」

證嚴上人講述《法華經．藥草喻品》提到：「天有五大覆蓋之恩，地有能生承載之德，天地合一生養萬物，眾生物體自然所依。」我們所處的「空間，及「地、水、火、風」四大調和，人人依此「五大」之恩，天地之德，萬物才能和諧共處，展現生機。

上人說：「土地是能生，雲雨是能潤，藥草等是所生所潤。」淨皂軒的產品原料，都是精舍自耕自種，採用自然農法，不用農藥與除草劑，除草和採摘以人工為主。靜思僧眾以農禪生活自力耕生，從種植、採收、處理、製造到流通，注重生態平衡也尊重萬物生命。

## 隨緣盡心，眾緣和合

淨皂自二〇〇八年開發製造，直到二〇〇九年才有具體的適量生產。二〇一〇年新春，首批試賣透過靜思書軒流通，兩萬兩千多塊的數量，才三個月的時間，僅剩兩千多塊。

銷路的好與不好，德塞師父認為不是最重要的；更重要的是，清淨環保的理念有沒有被接受。然而他不去預期，正如做手工淨皂，也不去預期任何結果，「我是隨緣做事，有因緣就盡心去做。常住需要我，當然義不容辭。」

出家前，德塞師父任職一家食品公司品管高級專員，做淨皂非他莫屬。「出家人能選擇自己的興趣，已經很好了。」德塞師父說。

淨皂與食品，雖然有相通點，但難免隔行如隔山，本著既有的技術基礎努力嘗試，若遇困難，他會從相關書籍、網路資訊，或學校的專業人員，作為諮詢的良師。「反正都要做，沒有什麼特別的想法。」是他面對考驗的法寶，無所謂的受挫，或成敗的問題。

液體皂劑使用的是天然植物油，在沒有加熱下，加上鹹後，經一、兩個小時，以冷製進行皂化。選用天然冷製方式，德寒師父有其特殊考量，「高熱會破壞油質，所以我們不使用高溫。」

然而，德寒與德江師父在戶外簡易廊簷下，卻以爐火來煮皂。德寒師父解釋：「我們是在冷製的狀態下，變成肥皂後才去加熱；它的物相已經改變，加熱的破壞性沒那麼高，因此油的營養成分仍在。」

而選用冷製的方式，也有些困難需要克服。東部的資源相對有限，德寒師父感恩慈濟志工，給予相關設備上的研發與協助，也感恩常住給他這樣一個平臺，可以開發淨皂產品。「我對機械一竅不通，這些具體性和智慧性的設備，都是在家居士們設計的。」

「他們來到這裡，是受到上人德行的感召，以及對精舍的護持；是眾緣和合，不是我一個人所能成的。我只是扮演一個微小的角色。」這角色要自己想配方，攪碎材料，做皂化和融皂，再熱的天氣都要與爐火相伴，與寂寞為伍。

他接著說：「淨斯淨皂能夠推出，有太多人的努力，是僧眾和合的一個例子。我只是個小小的起點，真正做到的僅是打雜。」

二〇〇九年九月之前，德寋師父在影視組磨鍊了整整十個年頭，如今承擔做淨皂的執事，「我只是盡本分事而已。」

影視工作與食品完全無關，從不會到學會，需經歷一段適應期。德寋師父認為，影視執事雖比做淨皂還累，但只要有心就能做好，專業只是基礎，其餘的要靠自己精進學習。

## 有為無為，無價之寶

一九九七年三月十六日，德寋師父離開俗家來到靜思精舍，三個月後成為近住女；二〇〇〇年三月圓頂出家，法名悟寋，字德寋。回想起與他人不同的人生歷程，他的出家緣由平淡無奇，「我只是跟著媽媽參加慈濟列車，回程車上就跟媽媽說，覺得這裡不錯，想來常住。」

約一個星期後，她遞上辭呈，卸下了六年的高專職務，再經一、兩個月時間，將手上的研發工作交接，便來到靜思精舍。一切的一切，德寋師父說：「沒有太多的想法，只是隨順因緣，沒有什麼特別的。」

研發製作淨皂，也是隨順因緣。然而，計畫趕不上變化，他也隨順因緣，能做到哪裡，就做到哪裡。

二〇〇五年龍王颱風過境後，精舍的樹木枝葉被強風勁雨襲落滿地，上人不捨地輕嘆道：「如果可以把這些樹做成精油就好了！」德寋師父便將倒下的樹木收集，用蒸餾器試驗萃取後，將成品呈予上人，用以供佛。自此又開始了精油萃取的日子。

伴隨精油而出的副產品是純露。純露和精油像是雙胞胎一樣，德寋師父說：「萃取出不溶於水的精油後，得到的水溶液就是純露。」純露透明清淨，彷彿不含任何雜質的蒸餾水，若用紫蘇或肉桂作為原料，則可飲用。

二〇一一年加入淨皂團隊的德琭師父表示，精油和純露經由萃取的過程，就是佛法說的「無為法」與「有為法」，「植物在提煉出精油前，聞得到香味，卻看不到，但它確實存在，是『無為法』；必須經過萃取和時間，一步一腳印，才得以展現。」

「為了要天然，要花很多的功夫。」植物原料經過蒸餾，形成水蒸氣收集下來。萃取後的純露，如同有形的「有為法」，需靜置三個月的「熟化」，從大分子變成小分子，進而多了一分醇香。

三個月的靜置後，充填器皿的滅菌，人力、物力加上時間，無形的成本，如同看不見的「無為法」。「但消費者看到的，往往是一個粗相，就是香味和價格。」德琭師父坦言，淨皂軒是一個良心志業，「有多少人願意這麼做？

投入的成本無法計算，產量又那麼少，如何來論定價格？」

淨皂的研發者德寋師父常言：「它是無價之寶。我們投注了很多的精力，藉這個事相來學習和修行。」

## 回饋法親，因緣而生

二〇一二年，從鐵皮屋遷移至協力廠一樓最前段的「淨皂軒」，空間依然不大，但已略具規模。手工製程，始終不變，隨著時間演進，從原本的一項淨皂，開展至今已有五大類產品。

「開展較多的是，洗潔系列的洗衣粉、去漬粉，用在廚房的多功能清潔劑；因應師兄師姊的需求，而做了洗衣皂和固體肥皂。」德寋師父表示，這些都是家庭生活所需。

個人所需的保養品，「也是因應師兄師姊的需求，經評估做得來才做。」

如青春玫瑰花露，金銀花化妝水和面霜，是因精舍有種植玫瑰花和金銀花，才進行開展。

「淨皂軒比較保守，隨順因緣，都是先有植物，才有產品；不是為了市場的導向，而是為了回饋法親家人，那分付出無所求的精神。」德寔師父強調，這些用途和想法，多數是緣於志工們的期待，因緣具足而生。

淨皂五大類產品，自二〇一八年起，分有「淨」系列、「潔」系列、「潤」系列、「顏」系列，以及「粹」系列。

「淨」系列是用於清潔身體。分為固態皂如無患子淨皂，以及液態皂，如瀅華露、無患子洗髮精。

「潔」系列是家庭清潔用品。從無患子開始開展，有無患子酵素家事露，以及多功能清潔劑、洗衣粉、去漬粉。

「潤」系列屬於護膚用品。如艾草膏能化瘀、活絡經絡；紫膚膏可用於燙傷；手足霜能滋潤乾燥皮膚。

「顏」系列是用於臉部保養。月桃面霜是最早的保養品，能淡化黑色素。後來有青春玫瑰花露，與具有抗菌、清熱和解毒功用的金銀花，所開展的淨露和面霜，也萃取做化妝水及精華液。

「粹」系列屬精油類、芳香類。「粹」就如同修行，「修行者必須歷經事相的淬鍊，入烘爐把自己的潛力激發，既要保持清淨心，且恆持不變。」

## 以出世心，行入世事

上人常言，要盤點生命的價值。德寋師父回顧，仍不離「因緣」和「不後悔」。他由衷地感恩，「若不是師父願意收我為弟子，及常住願意給我機會去開展，才得以啟發我的潛能。」

「我完全沒有想像未來要做的事，只把握因緣去做要做的事。太多的計畫並不一定會成形；若因緣具足，再結合想法，就能具體呈現出來。」德寋師父始終秉持把握在當下。

「每天大概從七點半後就開始工作，從早忙到晚……」他與德琭師父，以人力和時間造就一項項的成品。「一天十五個小時，晚上很好睡，煩惱都沒了。」德寋師父說。

「人與事，難免會引起煩惱；但那些煩惱都不是真的，不過是一些困難點，與自我生起的妄念。事相本無苦，是自己的習氣與無明造就了苦。」德寋師父盡心盡力的當下，不起煩惱心。

德寋師父常反觀自省，日常的身口意是否合於「八正道」，「第一，我的念頭所開展的作為有沒有端正？第二，收入有沒有合乎正道？第三，我不是為自己，而是藉由執事，去觀照與自我的修行有沒有關係。」

他也常提醒自己，處事要不離「三法印」，「諸行無常，世事變化無常，以因緣看待成敗。諸法無我，成事不必在我，在盡心付出後，要消融自我。」

「在事情開展的過程中，有沒有觀照到自己的妄念，回到當下而達到涅槃寂靜？涅槃是一種心靈的法喜、寂樂；寂靜是不生不滅、不喜不憂，安住清淨。」

「在三法印下，我得到的是法喜；從過程中不斷地修正自己，不敢說達到涅槃寂靜，至少不起煩惱。同樣在做營生的事，我是用佛法的態度與信念，以出世的心，做入世的事，所做的就是佛事。所以沒有悖離自力耕生的原則和方向。」

「協力廠是道場中的工廠，不以營利為目的，是以接引眾生為目標。」向內是讓志工回來體驗農禪生活；對外則是支援慈濟志業的向外援助，「希望盡一己之力，以最大的努力作為志業的後盾。即使量少，我們都願意盡力圓滿。」

回歸肥皂的清淨本性，如同出家人在生活修行中找回清淨自性（佛性）；「這個工作既是興趣，更是一分使命！」德寋師父法喜在其中。

國家圖書館出版品預行編目(CIP)資料

出世心，入世行：靜思精舍的日常／邱淑絹撰文 — 初版
臺北市：經典雜誌，慈濟傳播人文志業基金會，2025.04
448 面；15×21 公分
ISBN 978-626-7587-34-8（平裝）
1.CST: 精舍　2.CST: 花蓮縣新城鄉
227.33/137　　114003049

# 出世心，入世行——靜思精舍的日常

創 辦 人／釋證嚴
撰　　文／邱淑絹
責任編輯／涂慶鐘
照片攝影／蕭耀華（封面，p143）、陳忠華（封底，p363）、黃錦益（p15）
陳靜惠（p193, 293）、黃筱哲（p299）
美術指導與設計／邱宇陞
內頁排版／曹雲淇
感恩慈濟中區志工團隊——
志工召集／張麗雲
技術指導／張廷旭
打字校正／陳香如、袁淑珍、林蔚綺（花蓮）、何麗華、林寶蘭
魏玉縣、洪素琴

發行人．慈濟人文志業執行長／王端正
合心精進長／姚仁祿
主　責　長／王志宏
圖書出版部首席／蔡文村

出 版 者／經典雜誌
慈濟傳播人文志業基金會
112019 臺北市北投區立德路 8 號
客服專線／（02）28989000 分機 1165、2145
讀者傳真／（02）28989993
劃撥帳號／ 19924552　戶名／經典雜誌
印　　製／新豪華製版印刷股份有限公司
經 銷 商／聯合發行股份有限公司
231028 新北市新店區寶橋路 235 巷 6 弄 6 號 2 樓
（02）29178022
出版日期／ 2025 年 4 月初版一刷
定　　價／新臺幣 360 元